国家治理研究

（2020 年第 1 辑）

中国财经出版传媒集团
经济科学出版社
Economic Science Press

图书在版编目（CIP）数据

国家治理研究. 2020 年. 第 1 辑/罗来军主编. —北京：经济科学出版社，2020. 9

ISBN 978 - 7 - 5218 - 1834 - 5

Ⅰ. ①国… Ⅱ. ①罗… Ⅲ. ①国家 - 行政管理 - 研究 - 中国 Ⅳ. ①D630. 1

中国版本图书馆 CIP 数据核字（2020）第 169865 号

责任编辑：周秀霞
责任校对：杨　海
责任印制：李　鹏　范　艳

国家治理研究

（2020 年第 1 辑）

经济科学出版社出版、发行　新华书店经销

社址：北京市海淀区阜成路甲 28 号　邮编：100142

总编部电话：010 - 88191217　发行部电话：010 - 88191522

网址：www. esp. com. cn

电子邮箱：esp@ esp. com. cn

天猫网店：经济科学出版社旗舰店

网址：http：//jjkxcbs. tmall. com

北京季蜂印刷有限公司印装

710 × 1000　16 开　13. 5 印张　140000 字

2020 年 9 月第 1 版　2020 年 9 月第 1 次印刷

ISBN 978 - 7 - 5218 - 1834 - 5　定价：58. 00 元

（图书出现印装问题，本社负责调换。电话：010 - 88191510）

目　　录

2020 年第 1 辑

Contents

Volume 1, 2020

“一带一路”南向开放：进展、问题及对策

赵晋平　郭庆宾　李世杰*

摘要：“一带一路”南向开放是我国加强与南向沿线国家深度合作、促进区域各国经济融合发展、加快形成面向全球的互利共赢合作体系的必要举措和关键重要抓手。近年来我国以不断推动“五通”建设为契机，在“一带一路”南向开放领域取得了较大实际进展，得到参与各国的普遍认同和肯定。但是，南向开放中的国家层面缺乏顶层设计、地方同质化竞争和话语权争夺严重、国内民营企业和金融机构参与力度不够、跨国跨区域合作的沟通和协调机制不健全、相关专业型人才储备不足、人文交流广度与深度不足、国内腹地基础薄弱等问题仍然存在，成为深入推进南向开放亟待破

* 赵晋平，国务院发展研究中心对外经济研究部原部长，海南省开放型经济研究院名誉院长；郭庆宾，海南大学经济学院，教授，博士生导师；李世杰（通讯作者），海南大学经济学院，教授，博士生导师，海南省开放型经济研究院院长。

解的瓶颈。为此，本文从加强中央顶层设计与地区内部统筹、加强与沿线国家政府之间的沟通与协调、推进企业间国际经贸与投资合作、发挥统战力量促进不同国家人民民心相通、加快南向开放的配套保障体系建设、发挥海南自贸港在“一带一路”南向开放中的枢纽作用等方面提出了深化“一带一路”南向开放的应对举措和政策建议。

关键词：“一带一路”　南向开放　五通

一、引言

“一带一路”倡议作为我国当前对外经济建设的重要蓝本，其包含了社会主义政治经济学的中国智慧，有助于中国协同沿线国家共同发展。随着“一带一路”建设的深入，“一带一路”正在从谋篇布局的“大写意”阶段转入当前精耕细作的“工笔画”阶段①，此时大力推动“一带一路”南向开放，对于加强中国与南向国家深度对接、完善全球经济治理、加快形成立体全面开放新态势进而绘制好“一带一路”的“工笔画”具有重要意义。

“一带一路”南向开放是加强中国与南向国家深度对接的重要纽带。“一带一路”南向开放重点指向地区包括东南亚、南亚和大洋洲三十多个国家（地区），人口超过38亿、约占全世界的1/2，连接亚洲与大洋洲、联通太平洋与印度洋，是当前世界经济较活

① 国家发展改革委副主任宁吉喆2019年3月6日在“大力推动经济高质量发展”相关问题回答中外记者提问的内容。

跃、发展较迅速的区域之一。从世界经济地理格局来看，南向开放不仅能全面对接环北部湾、粤港澳大湾区、西部大开发等国家重点战略与重点区域，而且是与东南亚、南亚和大洋洲等南向国际市场的关键纽带，是“一带一路”建设的重中之重。“一带一路”南向开放有助于中国建设好中国—中南半岛经济走廊、印中孟缅经济走廊和中巴经济走廊，是加强中国与南向国家深度对接的重要纽带。

“一带一路”南向开放是推进完善全球经济治理的关键路径。“一带一路”倡议是新时代中国对外开放和经济外交的顶层设计，对于中国探索全球经济治理新模式、构建人类命运共同体具有重要意义（中共中央宣传部，2018）。深入推进“一带一路”南向开放正是契合完善全球经济治理的关键路径，有助于中国提高在“一带一路”南向开放国家的话语权，然而完善全球经济治理就要求我国要为世界提供更多的第三类公共品，加大全球经济治理中的话语权（裴长洪，2014）。中国在“一带一路”南向开放中，不仅难以回避消费这种全球经济治理的公共品，也难以避免为消费这种公共品所必须承担的成本，因此“一带一路”南向开放是我国提供公共品建设的重要推动力，是推进完善全球经济治理的关键路径。

“一带一路”南向开放是加快形成立体全面开放新态势的重要平台。从改革开放初期的兴办深圳等经济特区到2001年底中国加入WTO再到2013年秋的“一带一路”倡议，我国逐步实现了从开启沿海地区开放到融入世界经济体系再到形成全面开放的新格局（杨丽花、王跃生，2020）。当前，我国已累计与138个国家和30个国际组织签署200多份共建“一带一路”合作文件，对外开放达到了新高度。但是总体来看，国内“东强西弱、海强边弱”的对外开放格局仍是不平衡不充分的主要表现，仍有待调整和完善，而深入推进“一带一路”南向开放正好可以助推国内西南、华南等地区的经济发展，是我国加快形成立体全面开放新态势的重要平台，有助于破解“东强西弱、海强边弱”的不平衡不充分态势。

二、“一带一路”南向开放进展

（一）深化南向开放强化的政策沟通效果显现

近年来，中国与“一带一路”南向开放沿线国家的国家层面政策沟通进行愈来愈顺利，同时国内的对接政策也在及时拟定出台，随着更多的省市区加入到南向开放的建设中，政策沟通在“一带一路”南向开放中的作用发挥越来越好。“一带一路”南向开放中，政策沟通主要以合作或谅解备忘录为主。截至 2019 年 10 月底，中国已经与南向开放指向的东南亚、南亚、大洋洲 23 个国家和地区签署了相关“一带一路”合作备忘录（见表 1）。“一带一路”南向开放国内各相关主要省市重庆、广西、贵州、甘肃、青海、新疆、云南、宁夏、陕西等主要以规划纲要的形式，打造南向通道，深度融入“一带一路”南向开放。此外，2015 年 10 月 1 日以来，我国领导人同外国领导人高层交流频繁，其中大部分国家都是位于南向开放指向地区的国家，推动了与“一带一路”南向开放国家关系不断迈上新台阶。

表 1　　“一带一路”南向开放之合作备忘录（按时间为序）

时间	主体	文件名称
2014 年 12 月 9 日	中国、斯里兰卡	《关于在中斯经贸联委会框架下共同推进“21 世纪海上丝绸之路”和“马欣达愿景”建设的谅解备忘录》
2015 年 11 月 7 日	中国、新加坡	《中华人民共和国和新加坡共和国关于建立与时俱进的全方位合作伙伴关系的联合声明》
2016 年 9 月 8 日	中国、老挝	《中华人民共和国和老挝人民民主共和国关于编制共同推进“一带一路”建设合作规划纲要的谅解备忘录》
2016 年 10 月 13 ~ 17 日	中国、孟加拉国	《关于编制共同推进“一带一路”建设合作规划纲要的谅解备忘录》
2016 年 10 月 16 日	中国、柬埔寨	《中华人民共和国和柬埔寨王国关于编制共同推进“一带一路”建设合作规划纲要的谅解备忘录》
2017 年 3 月 21 日	中国、新西兰	《中华人民共和国政府和新西兰政府关于加强“一带一路”倡议合作的安排备忘录》
2017 年 5 月 14 ~ 15 日	中国、巴基斯坦、尼泊尔、新加坡、缅甸、马来西亚等	《“一带一路”合作谅解备忘录》
2017 年 9 月 4 日	中国、泰国	《共同推进“一带一路”建设谅解备忘录》和未来 5 年《战略性合作共同行动计划》
2017 年 9 月 13 日	中国、文莱	“一带一路”建设、基础设施建设、卫生等领域双边合作文件

续表

时间	主体	文件名称
2017年11月12日	中国、越南	《共建“一带一路”和“两廊一圈”合作备忘录》
2017年12月7日	中国、马尔代夫	《中华人民共和国政府和马尔代夫共和国政府关于共同推进“一带一路”建设的谅解备忘录》
2018年6月21日	中国、巴布亚新几内亚	《中华人民共和国政府与巴布亚新几内亚独立国政府关于共同推进丝绸之路经济带和21世纪海上丝绸之路建设的谅解备忘录》
2018年7月23日	中国、纽埃	《关于共同推进丝绸之路经济带和21世纪海上丝绸之路建设的谅解备忘录》
2018年11月12日	中国、新加坡	《“陆海新通道”谅解备忘录》
2018年11月12日	中国、斐济	《中华人民共和国政府与斐济共和国政府关于共同推进丝绸之路经济带和21世纪海上丝绸之路建设的谅解备忘录》
2018年11月17日	中国、印度尼西亚	《推进“一带一路”和“全球海洋支点”建设的谅解备忘录》
2018年11月18日	中国、文莱	《中华人民共和国和文莱达鲁萨兰国联合声明》
2018年11月20日	中国、菲律宾	《中华人民共和国政府与菲律宾共和国政府关于“一带一路”倡议合作的谅解备忘录》

资料来源：根据相关资料整理。

（二）深化南向开放的设施联通水平大幅提升

近年来，中国与“一带一路”南向沿线国家在铁路、公路、航空、港口、能源、光缆等的互联互通取得很大进展（见表2），南向开放在地理上的障碍不断被打破。在“一带一路”南向开放中，高速公路、高铁列车、港口轮船等加深了中国与南向国家的互联互通；跨境光缆、中国企业参与建设的电站、输电和输油输气等重大能源项目持续落地。

表2　南向国家基础设施建设成绩

基础设施建设	项目名称	建设或运行现状	线路
铁路	中欧班列（中越班列）	开通，每周一班	南宁—越南河内
	中越第二条货运班列	2017年6月开通	昆明—越南海防
	中越铁路昆明—河口段	已建成	昆明—河口
	雅万高铁	在建	印尼雅加达—万隆
	中老铁路	完成80%	中国磨丁—老挝万象
	中泰铁路	2017年一期开工	曼谷—呵叻府
	中老泰铁路	推进中	呵叻府—万象—磨丁
	中菲三大铁路项目	推进中	菲律宾（苏比克—克拉克铁路项目、棉兰老岛铁路、南线铁路）
	中缅铁路	缅甸段推进	昆明—瑞丽—缅甸—仰光
	拉合尔轨道交通橙线	2018年6月运行	巴基斯坦
	ML-1号铁路干线升级与哈维连陆港建设项目	在建，2020年完成	巴基斯坦哈维连

续表

基础设施建设	项目名称	建设或运行现状	线路
铁路	ML－2 铁路升级	将于 2025 年完成	巴基斯坦戈德里—阿塔克
	第三阶段铁路	将于 2030 年完成	巴基斯坦哈维连至红旗拉甫
公路	东盟班车	全线贯通	重庆—新加坡
	昆曼公路	全线贯通	昆明—老挝—曼谷
	中老公路	中国段开通	昆明—磨憨—万象
	中越公路	开通	昆河高速、河口—海防
	柬埔寨 6 号公路	开通	中国援建金边—中北部
	柬埔寨金边第三环线	2019 年开工	中企建设
	喀喇昆仑公路改扩建	完成	中国—巴基斯坦
	喀喇昆仑公路二期项目	完工	赫韦利扬—塔科特
	白沙瓦—卡拉奇高速公路	苏库尔—木尔坦段完工	巴基斯坦中部南北交通大动脉
	中缅公路	昆瑞高速已贯通	中国—缅甸
航空	与相关国家扩大航权安排	新增国际航线 1239 条	中南半岛国家
	瓜达尔新国际机场	中国援建	巴基斯坦
	与缅甸多条航线	已开通	昆明—仰光、内比都、曼德勒 芒市—曼德勒
港口	中国—东盟港口城市合作网络	24 个港口、城市及港航机构已加入	中国—东盟国家
	瓜达尔港及自由区运营权	一期完成，二期规划中	巴基斯坦瓜达尔港
	皎漂深水港项目	2018 年 11 月签署协议	中缅合作

续表

基础设施建设	项目名称	建设或运行现状	线路
能源	中缅原油管道	2017 年 6 月投产	缅甸西海湾马德岛—昆明
	中缅天然气管道	2013 年投产	缅甸皎漂—广西贵港
	桑河二级水电站	竣工投产	柬埔寨
	海阳电厂、永新一期燃煤电厂	2018 年 1 号机组运营	中企建设，越南
	北部联通输电工	在建	缅甸
	大沃风电项目	2017 年 4 月运行	巴基斯坦卡拉奇
	吉姆普尔风电项目	2017 年 8 月竣工	巴基斯坦吉姆普尔
	卡西姆燃煤电站	一、二期运行	巴基斯坦卡西姆
	萨希瓦尔燃煤电站	完成	巴基斯坦萨希瓦尔
	卡洛特、苏基克纳里水电站	施工中	巴基斯坦
	塔尔煤田Ⅱ区块煤矿和电站	建设中	巴基斯坦
	Mohmand 水电站	2019 年 5 月奠基	巴基斯坦
	中电国际胡布 1320 兆瓦电站	2019 年运行	中巴重点能源项目
	瓜达尔 30 万千瓦燃煤电厂	2019 年 11 月奠基	巴基斯坦瓜达尔
光缆	国际海底光缆纽带	在建	中国—东盟国家
	中国—东盟信息港	在建	中国—东盟国家
	中巴光缆	2018 年 7 月开通	乌鲁木齐—红其拉甫口岸—拉瓦尔品第市
	中缅跨境光缆信息通道	完成扩容工程	中国—缅甸

资料来源：根据相关资料整理。

（三）深化南向开放的贸易畅通成果丰硕

中国在南向开放中，与沿线国家在贸易畅通上取得较大收获，投资便利化建设使得沿线国家和地区的交易及营商成本大幅降低，发展潜力得到较大释放。中国与南向的新加坡等多个国家和地区签署或升级了自由贸易协定，同时与南向国家贸易增长势头良好：中国—中南半岛货物贸易额超6万亿美元、中国—巴基斯坦双边贸易总额2018年达到190.8亿美元、人民币纳入缅甸的国际支付结算货币极大促进了中缅之间的贸易投资增长、中印之2018年贸易总额突破800亿美元大关、中孟双边贸易2009~2018年间翻了两番。

（四）深化南向开放的资金融通支撑作用明显

近年来中国与南向国家间的不断探索创新投融资模式以及积极扩宽投融资渠道，为“一带一路”南向开放提供了高质量的资金支持（见表3）。中国与南向开放沿线国家在投资银行与金融监管的合作不断深化，人民币在南向开放国家的国际化进程也在不断加快，很多国家对人民币都有一定的接受度，金融合作不断夯实了经贸合作基础。

表 3　“一带一路”南向开放资金融通概况

项目	时间	成果	金额	国家
南欧江二期项目四级电站	2017 年 12 月 3 日实现大江截流	国开行提供贷款	7.7 亿美元	老挝
中国建设银行纳闽分行马来西亚纳闽国际商业金融中心	2019 年 10 月 26 日	马来西亚首块数字银行牌照、中国建设银行东南亚首张人民币清算行牌照		马来西亚
中国银行马尼拉分行	2019 年 9 月 18 日	被授权菲律宾人民币业务清算行		菲律宾
中国银行与泰国进出口银行合作谅解备忘录	2019 年 4 月 25 日	中国银行与泰国进出口银行签署合作协议		泰国
“一带一路”基础设施债券	2018 年 9 月 13 日	中国建设银行新加坡分行成功发行债券，并在新交所挂牌上市	3 亿新元	新加坡
中泰双边本币互换协议	2018 年 1 月 8 日	便利中泰双边贸易和投资	700 亿元人民币	中国—泰国
中马（来西亚）双边本币互换协议	2018 年 8 月 20 日	便利中马双边贸易和投资	1800 亿元人民币	中国—马来西亚
中—印尼双边本币互换协议	2018 年 11 月 19 日	续签，协议有效期三年	2000 亿元人民币	中国—印度尼西亚

续表

项目	时间	成果	金额	国家
中国人民银行与新加坡金融管理局续签双边本币互换协议	2019 年 5 月 13 日	促进双边贸易和投资以发展两国经济，为市场提供短期流动性以稳定金融市场	规模为 3000 亿元人民币/610 亿新加坡元	中国—新加坡
巴基斯坦国家银行批准贸易商在与中国的双边贸易中使用人民币作为结算货币	2018 年 1 月 2 日	巴中两国企业在双边贸易和投资活动中可以自由选择使用人民币		中国—巴基斯坦
中巴双边本币互换协议	2018 年 5 月 4 日	有效期三年，便利双边贸易投资，促进两国经济发展	200 亿元人民币/3510 亿巴基斯坦卢比	中国—巴基斯坦
中巴自由贸易区服务贸易协定银行业服务议定	2015 年 4 月	在 FTA 框架下推动两国金融业合作与发展		中国—巴基斯坦
巴基斯坦哈比银行在新疆乌鲁木齐开设分行	2019 年 11 月	首家在华开展人民币业务的巴基斯坦银行		中国
中国工商银行卡拉奇分行	2011 年 5 月	提供巴基斯坦本外币结算、贸易融资、项目融资、涵盖多种货币的外汇、投融资顾问等服务		巴基斯坦

续表

项目	时间	成果	金额	国家
中国工商银行拉合尔分行	2015 年 4 月	为国内投资者提供更加便利、更加安全的投资渠道和更加快捷的金融服务		巴基斯坦
中国银行卡拉奇分行	2017 年 11 月 7 日	中国银行在南亚的第一家分支机构		巴基斯坦
中国太平保险与巴基斯坦 EFU 财产保险签署合作谅解备忘录	2015 年 7 月	中国企业在巴投资项目提供全方面的保险金融服务		中国—巴基斯坦

资料来源：根据相关资料整理。

（五）深化南向开放的民心相通保障功能强化

民心相通是最深入、最长久、最基础的互联互通（季思，2019）。为奠定“一带一路”南向开放的民心基础，近年来中国与南向国家积极在文化与教育方面开展交流合作。文化交流方面，目前已打造了中国—东盟博览会、“中国—东盟文化论坛”、“中国—东盟青年营”、中国—东盟文化部长会议、“美丽中国·璀璨文化”大洋洲推广活动等官方平台，促进了常态化文化交流。此外，还通过互办文化年、文化月、文化周等系列活动搭建起了文化交流平台。中国还与印度尼西亚、缅甸、新加坡等国签订了文化遗产合作文件，有效促进了文化沟通，悉尼中国文化中心、新西兰中国文化中心、斐济中国文化中心等在大洋洲有效地传播了中华文化。教育方面，通过东盟国家夏令营、本土化师资培训班、教育访华团、双向留学、亚洲奖学金等各种形式为南向国家培养了大量急需的人才。此外，中国—东盟教育交流周、中国—南亚东南亚大学联盟、孔子学院、南太平洋地区中文教育研讨会等在“一带一路”南向开放中的教育交流桥梁作用越来越明显。

三、“一带一路”南向开放存在的主要问题

（一）国家层面缺乏顶层设计

南向开放是“一带一路”倡议开放体系的重要组成部分，由于涉及国家众多，因此除国际沟通协调外，国内也涉及中央与地

方政府之间以及各相关部门之间的协调合作和共同发力问题，但目前尚未出台专门针对"一带一路"南向开放的顶层设计和统筹规划，如果不能从顶层设计层面上进行支撑和统筹规划的话，南向开放的重视程度只能是渐进的和不明显的且容易引起各地、各部门各自为政，且"一带一路"南向开放要真正取得更大的实质性效果必须微观层面经济主体去执行和落实，但由于不同部门和地区缺乏统一的、有效的顶层设计，导致对政策的理解和执行存在较大难度。

（二）地方同质化竞争和话语权争夺严重

目前，虽然四川、重庆、广西、贵州、甘肃、青海、新疆、云南、宁夏、陕西、海南等省份都呈现极大热情参与"一带一路"南向开放建设，但参与方式名义化、参与内容表层化问题比较严重，存在明显的同质竞争态势。广西、云南等毗邻东南亚的省份，互相争夺南向开放国家第一"对接省"的地位；重庆与四川两省在争夺南向开放内陆"中心区域"的地位。相互竞争的结果是效率的下降。目前，参与西部陆海新通道是"一带一路"南向开放的主打项目，国内参与省份多数位于西部，经济相对比较落后，所以都希望借助南向开放打开"南大门"，建立与南向国家的经济、文化等联系，带动本地经济发展。因此，在南向开放的过程中，各地都是从本地区的利益出发，尽可能地为本地区争取更多利益而忽视整体利益。

（三）国内民营企业和金融机构参与南向开放力度不够

尽管国内各类企业均表现出强烈意愿参与“一带一路”南向开放建设，但从实际效果来看，由于目前与“一带一路”南向开放国家的合作主要为国家牵头援助建设的基础设施互联互通项目，项目执行主体为少数央企，作为市场经济主体企业形式的民营企业在当前阶段还没有真正对接“一带一路”的南向开放建设。在国内去杠杆背景下，资本管制和企业债务限制更加严格，民营企业“融资难、融资贵、融资慢”等融资约束问题突出也进一步限制了国内民营企业参与南向开放的能力。此外，国内金融机构在南向开放沿线国家的分支机构数量偏少、覆盖面不足、金融服务能力有限，尤其是投资银行等非银行金融机构以及评级、会计等配套中介服务机构的协同参与度不够。此外，央行层面虽与南向开放部分相关国家签署了货币互换协议，但在债权市场、资本市场等方面还缺乏充分沟通与相关平台建设，这也导致金融机构无法有效对接当地。

（四）跨国跨区域合作的沟通和协调机制不健全

以高层互访、签订协议等形式为主的临时性沟通协调机制还不足以有效应对“一带一路”南向开放任务的长期性、艰巨性以及沿线区域环境的复杂性和差异性。在与南向国家的合作中，目前仅在中国—东盟区域与次区域间有比较成熟的合作机制，在其他区域还缺乏高级别、长效性、常态化的沟通协调和合作机制以及教育、文化等专门领域的合作机制，这些都有待亟须在南向开放中加强跨国跨区域合作的沟通和协调机制建设。

（五）南向开放相关专业型人才储备不足

中国与“一带一路”南向国家间虽然地缘接近，但政治、语言等诸多影响对外开放与国际合作的方面仍存在较大差异。中国加强对南向国家的开放与合作必须要结合当地实际情况，符合当地需求，这就要求参与南向开放的各类机构能为当地提供本土化产品或服务，而中国过去培养的各类国际化人才主要侧重于对接英美等发达国家，导致针对南向开放国家方面的人才储备相对有限，尤其是专门人才和小语种人才奇缺，这也成为中国深入推进“一带一路”南向开放的制约和短板。

（六）人文交流广度与深度不足

从中国与南向国家人文交流的广度来看，即从中国和南向国家各行各业的人员的接触、交流与互动来看，目前只是少数部分人在很有限的范围内进行扁平化交流，而这是远远不够的；而从中国与南向国家人文交流的深度来看，中国与南向国家的人文交流还远远不够深入，文化认同仍有待大幅提高。此外，东南亚地区具有丰厚的华侨资源，在“一带一路”南向开放中具有重要作用，但目前这部分华侨资源利用不足，缺乏相关的对接基地和落地平台等。

（七）南向开放的国内腹地基础薄弱

中国的对外开放在区域上有明显的先后推进顺序，最初阶段推动沿海地区开放，然后中西部地区再逐步跟进。“一带一路”南向开放的国内省份大多位于西南地区，相比东部沿海地区，其经济发展和对外开放都要落后很多，因此无论是经济基础还是对外开放基础都明显处于劣势，进而导致对“一带一路”南向开放的实体经济支撑力度不强，亟须选取某一具有潜力的地区作为突破口以增强南向开放的国内腹地基础。

四、加快推进“一带一路”南向开放的对策建议

（一）加强中央顶层设计与地区内部统筹

一是加快推进“一带一路”南向开放国家战略层面的顶层设计。建立高层领导与决策机制，建立和完善南向开放的宏观管理体制和常态化运行结构。推动将“一带一路”南向开放提升为国家级战略，从国家总体战略维度对南向开放各领域建设进行系统布局和谋划，在恰当时候在南向开放国家各部委间建立重大项目协调与沟通机制。二是加强“一带一路”南向开放国内相关省市间的协调沟通机制建设。对我国华南、西南等南向开放重点省市区进行机制整合，确保各地区协调统一采取行动，由中央部委牵头，建立南向开放跨区域间沟通机制，加快成立省级层面的协调小组和联络办公室，鼓励和引导各重点省市区集合本地实际制定并执行好各地的

《"一带一路"南向开放五年行动计划》。

（二）加强与沿线国家政府之间的沟通与协调

建立"一带一路"南向开放沿线国家高层对话与合作机制，推进"一带一路"南向开放沿线国家"副国级对话磋商机制""总理级联合协调机制""部级联合工作委员会"等对话与合作机制，及时协商解决南向开放合作中的重大问题。一是积极推动"一带一路"南向国家在国内海南、广西等区域设立领事机构。二是持续扩大"一带一路"南向开放国家的"国际朋友圈"，在科技、旅游、金融、教育、医疗康养、新能源、农业、海洋等领域推动与南向相关国家的交流合作与务实磋商。三是进一步发挥现有国际交流平台在"一带一路"南向开放的引擎和带动作用。大力发挥中国—东盟博览会等成熟的国际平台的交流沟通作用，逐步深化与"一带一路"南向相关国家和地区的务实高效合作。

（三）推进企业间国际经贸与投资合作

一是侧重推动"一带一路"南向国家外商投资自由便利。最大限度地降低市场准入门槛，不断减少准入审批程序，扩大开放的领域及行业。二是推进与"一带一路"南向国家间产业交流合作。扩大在热带农业领域的合作范围，基于南向开放国家与我国相关省市区的产业优势特点，共同打造集种养、加工、贸易、流通等热带农业全产业链条的跨国现代热带农业产业体系。深化旅游产业领域务实合作，以"泛南海旅游经济合作圈"建设为抓手，推动南海区域和平稳定与产业发展，并进一步做好免签政策的落地实施工作。加强海洋领域全方位合作，以中国—东盟海洋产业合作示范区建设为突破口，不断扩大与南向国家海洋领域合作范围，利用海洋信息技术和增养殖技术探索开展建设海洋牧场以及探索建立南海渔货交易市场。三是加强与“一带一路”南向国家间科技交流合作。实施科技“走出去”项目，聚焦“一带一路”南向国家强化科技合作的重要转变，推动科技顶尖和技能型人才的交流与合作。大力推动相关民营等企业不断深化与“一带一路”南向国家的合作，各省市区也应进一步支持本土企业在东南亚、南亚、大洋洲的项目投资计划。

（四）发挥统战力量促进不同国家人民民心相通

一是动员统一战线成员积极参与。统一战线成员要积极参与，动员一切可以动员的力量推动“一带一路”南向开放国家民心相通。二是搭建文化交流平台。通过在“一带一路”南向开放国家举办“丝绸之路”文化青少年夏令营等形式，使青少年之间加强了解和沟通并结下了友好情谊；邀请“一带一路”南向国家民众参与“中华文化行旅”使其加深对中华文化的认识。三是以侨为桥，促进人文交流。依托“一带一路”南向开放国家尤其是东南亚地区的华侨资源，广泛开展新闻界、留学、康养、艺术和生态旅游等各类交流合作。采取“侨务搭台，经贸唱戏”方式，使合作项目遍地开花。让侨务部门参与协调“一带一路”南向开放工作小组，探索海外华人华侨参与“一带一路”南向开放建设措施，构建海外华侨华人参与“一带一路”南向国家的参与平台，重视海外华侨华人参与感和成熟感。

（五）加快南向开放的配套保障体系建设

一是开展多边金融合作建立金融保障体系。在推动“一带一路”南向开放的过程中，国家间要在和平共处的基础上加强合作，在充分利用亚投行、丝路基金等组织和完善南向开放的金融保障体系基础上，积极搭建更多层次的国际间金融交流平台以及扩大与南向国家本币互换、结算的范围与规模。二是重视国际业务人才的培养并使其充分发挥作用。根据“一带一路”南向交流日益频繁的需求，要提高人才培养的规格和手段，实现跨学科研究、国际政策研究等方面人才培养的创新，鼓励我国专业人员赴“一带一路”南向开放沿线国家开展志愿服务，解决技术难题。重视复合型外语专业人才培养，尤其是越南语、马来语、泰语等人才的培养。三是加强中介服务业的培育并为其发展提供条件。规范商会和行业协会的建设，充分发挥其外贸中介作用，做好国内企业对外合作与进出口的“红娘”。

（六）发挥海南自贸港在“一带一路”南向开放中的枢纽作用

《海南自由贸易港建设总体方案》2020 年 6 月 1 日正式出台。按照党中央重要部署，海南自贸港将对标国际高水平经贸规则，聚焦贸易投资自由化便利化，建设西部陆海新通道国际航运枢纽和航空枢纽，打造成为引领我国新时代对外开放的鲜明旗帜和重要开放门户。无疑，海南自贸港将以超大规模国内市场和腹地经济为依托，承担起中国“一带一路”南向开放的枢纽作用。一是构建海南连接“一带一路”南向国家的空海联动通道。海南应充分利用南向国家扩大对华进出口和直接投资平台以及“海上丝绸之路”的地理优势，大力开拓连接南向国家的外贸航线，构建地理距离最短、运行最高效、便于监管的新贸易通道。二是利用区域与政策机遇建设区域服务贸易中心。海南省地理位置非常优越，且伴随着中国特色自由贸易港的建设契机，海南应发挥政策优势积极与南向国家加强服务贸易交流。例如：在海南建立人民币结算平台，邀请国外企业来海南建立办事机构。三是推动跨境电子商务扩大规模，建设“网上丝绸之路”。以“一带一路”南向开放为契机，加快组建海运、航运、陆运信息交换的海上丝绸之路物流信息交流平台，并成为高效、便捷的物流信息交流中心；搭建综合性的跨境电子商务平台，通过“网上丝绸之路”提供物流、商务、贸易信息的共享服务。

参考文献

［1］中共中央宣传部：《习近平新时代中国特色社会主义思想三十讲》，学习出版社2018年版。

［2］裴长洪：《全球经济治理、公共品与中国扩大开放》，载《经济研究》2014年第3期。

［3］杨丽花、王跃生：《建设更高水平开放型经济新体制的时代需求与取向观察》，载《改革》2020年第3期。

［4］季思：《深化民心相通　化解“四大赤字”》，载《当代世界》2019年第5期。

Progresses, Problems and Countermeasures of the Southward Opening Action in the Belt and Road

Zhao Jinping　Guo Qingbin　Li Shijie

Abstract: Southward Opening in the Belt and Road is a necessary step and key action for China to strengthen the cooperation with the countries southward, to promote the economic integration and development of all countries, and to speed up the formation of mutual benefit and win-win cooperation for the whole world. In recent years, taking the opportunity of building Five Links, we have made great progress in the Southward Opening Action in the Belt and Road, and got widely affirmed by participating countries. Meanwhile, there were still many exiting problems, such as the lag of top-level design, the imperfect overall planning and serious competition among the local goverments, serious local homogenization competition, low participation of domestic private enterprises and financial institutions, imperfect communication and coordination mechanism of cross-border and cross regional cooperation, insufficient reserve of relevant professional talents, and lacking of the breadth and depth of cultural exchanges, which become the bottleneck to be solved in further promoting the Opening Southward. Therefore, this paper tries to research and provide the countermeasures, including enhancing the central top-level design and internal coordination of the local governments, strengthening the communication and coordination among the governments along the routes, promoting the international trade and investment cooperation among enterprises, bringing united front forces into full play, promoting the people's hearts and minds in different countries, and speeding up the construction of the supporting system of south opening as well as Hainan's free trade port opening up, and playing more important role of during Opening southward in the Belt and Road.

Key words: the Belt and Road; Southward Opening Action; Five Links

全球自由贸易协定经贸规则变化与发展趋势

袁 波 王 蕊 潘怡辰*

摘要：当前，世贸组织陷入生存危机，多边贸易体系面临巨大挑战，全球经贸规则正处于激烈的碰撞期、变革期，自贸协定日益成为许多国家重塑全球经贸规则、争取全球经济治理话语权的重要选择。世界主要国家均加快推进基于规则的自贸协定建设，以谋求国际经贸规则制定的主导权。新形势下，各国更加重视自贸协定在国际经贸规则制定中的重要作用，在各国的博弈竞争之下，全球经贸规则面临着新的发展趋势。

关键词：自由贸易协定　国际经贸规则　多边贸易体制

---

* 袁波，商务部国际贸易经济合作研究院亚洲研究所副所长，研究员。王蕊，商务部国际贸易经济合作研究院亚洲研究所副主任，副研究员。潘怡辰，商务部国际贸易经济合作研究院亚洲研究所实习研究员。

当前，虽然经济全球化与世贸组织（WTO）多边贸易体制仍然面临来自贸易保护主义与单边主义的巨大挑战，“二战”后建立起来的传统的国际经贸规则体系也面临着巨大的重构压力，但同时，以自由贸易协定（FTA）为代表的区域经济一体化却取得了重大进展。新形势下，世界各国更加重视自贸协定在国际经贸规则制定中的重要作用，在各国的博弈竞争之下，全球经贸规则面临着新的发展趋势。

一、全球自由贸易协定的新进展

（一）全球范围内区域贸易协定持续推进

由于 WTO 多边贸易谈判进展的停滞，各国都加快了以自由贸易协定为主的区域一体化进程，通过双边或多边的方式达成比 WTO 更进一步的开放。早在 2016 年 6 月，所有的 WTO 成员就已经参与了一个或多个区域贸易协定（RTA）。据 WTO 统计，截至 2020 年 1 月 17 日，向其通报并仍然生效的 RTA 共有 303 个，其中 FTA 有 258 个①。即便目前在国际贸易保护主义日益严重的情况下，各国仍然在推进 FTA 谈判，持续向 WTO 通报新的 FTA。仅 2019 年下半年，WTO 就收到 8 个 RTA 生效的通知、1 个早期的

① 根据 WTO 数据库整理计算，http：//rtais. wto. org/UI/PublicAllRTAList. aspx。

RTA 谈判通知和 2 个有改变的 RTA 通知①。目前向 WTO 通报并仍然生效的 RTA 中，有 100 个与欧洲相关，88 个与东亚相关，66 个与南美相关，48 个与北美相关，35 个与非洲相关，24 个与大洋洲相关②，基本上全球范围内已经形成交错纵横的自贸网络。据 WTO 统计，RTA 数量领先的国家包括：欧盟（42 个）、欧洲自由贸易联盟（31 个）、智利（29 个）、新加坡（24 个）、墨西哥（23 个）、土耳其（22 个）、秘鲁（22 个）、韩国（18 个）、日本（17 个）、印度（16 个）、巴拿马（16 个）、中国（15 个）③。

（二）亚洲区域一体化进程取得突破

2018 年以来，全面与进步的跨太平洋伙伴关系协定（CPTPP）的生效，尤其是区域全面经济伙伴关系协定（RCEP）谈判的重大突破，标志着亚洲区域一体化进程正在提速。在 2017 年 1 月美国退出其主导达成的 TPP 协定后，日本与其他成员方决定暂停 TPP 协定中部分条款，将其变更为 CPTPP 协定。2018 年 12 月 30 日，CPTPP 在日本、加拿大、墨西哥、新西兰、新加坡和澳大利亚等六个国家生效，2019 年 1 月 14 日在越南正式生效。2019 年 11 月，随着东盟与中国、日本、韩国以及澳大利亚、新西兰等 15 个成员国结束全部 20 个章节的文本谈判以及实质上所有的市场准入问题的谈判，并决定在 2020 年签署 RCEP 协定，这更成为亚洲区域一

①②③ FACTS&FIGURES Recent Developments Regional Trade Agreements [EB/OL]. https://www.wto.org/english/tratop_e/region_e/region_e.htm.

体化进程中的标志性事件。RCEP 协定签署后将成为世界上人口最多、成员发展水平迥异、发展潜力巨大的全球最大的自贸区，将为亚洲区域经济发展乃至全球经济发展提供更大的动力支持。

（三）非洲大陆形成统一的自贸区

虽然与欧洲和亚洲国家相比，非洲国家达成的自由贸易协定数量不多，但非洲大陆自由贸易区的生效标志着非洲区域经济一体化取得巨大进展。2018 年 3 月 21 日，在基加利召开的非洲国家首脑特别峰会上，非洲 44 个国家领导人签署了《非洲大陆自由贸易区（AFCFTA）框架协议》，同时还有 27 个国家签署了《人员自由流动协议》。2019 年 5 月 30 日，非洲大陆自贸区正式生效，各成员将逐步取消 90% 的商品关税①。截至目前，非盟 55 个成员中，除厄立特里亚外，54 个成员已签署协议，其中 27 个成员按本国相关法律程序批准协议后向非盟委员会递交了协议批准书。如果非盟 55 个成员国最终都签署自贸协议，将形成一个 GDP 合计 2.5 万亿美元、覆盖 12 亿人口的单一市场②。据联合国非洲经济委员会预计，通过取消非洲内部贸易进口税，非洲内部贸易额将提高 53.2%；如果非关税壁垒同时减少，非洲内部贸易额有望提升 1 倍③。

---

①②③《非洲大陆自贸区建设正式启动》，https：//baijiahao. baidu. com/s? id = 1638521553175683025&wfr = spider&for = pc，2019 - 07 - 09。

（四）亚洲国家加速与欧洲推进自贸安排

2018 年以来，亚洲国家加速与欧盟为代表的欧洲国家推进自由贸易安排，取得了较大进展。目前，韩国、日本、新加坡、越南等亚洲国家已经分别与欧盟达成 FTA，2019 年 2 月，日本—欧盟 EPA 正式生效。韩国与欧盟的 FTA 于 2015 年已经生效，2016 年底韩国与英国开始 FTA 谈判，2019 年 6 月达成原则性协议。东盟与欧盟的自贸协定谈判始于 2007 年，但由于政治原因于 2009 年暂停。东盟各国也都先后曾与欧盟开展自贸协定的双边谈判，但 2018 年以来仅有新加坡和越南两国先后与欧盟完成并签署贸易和投资协议，目前都在等待协议正式生效。2019 年 1 月，欧盟与东盟将合作关系提升至“战略伙伴”，进一步确认了双方缔结自贸协定的方针。2018 年 12 月 16 日，印度尼西亚还与欧洲自由贸易联盟签署了自由贸易协定，与冰岛、列支敦士登、挪威和瑞士 4 国成为全面经济伙伴关系。

（五）以规则为导向的自贸协定谈判成为热点

近年来，主要国家都在积极加快推进自贸协定安排，以谋求国际经贸规则制定的主导权，以规则为导向的自由贸易协定谈判或是各种升级或现代化谈判成为热点。美国先后对美韩 FTA 和北美自由贸易协定（NAFTA）进行重新谈判，并且增加了许多新的规则议题，2018 年底达成的 USMCA 协定不仅增加了货币与汇率条款，还增加了劳工标准、国有企业以及非市场经济地位方面的条款。欧盟与智利于2017年开始围绕FTA现代化进行谈判，2018年4月与墨西哥就现代化的《欧盟—墨西哥全球协议》达成贸易方面的原则协议，协议不仅进一步提高了货物贸易的自由化、便利化水平，同意引入欧盟主张的投资法院规则，而且增加了数字贸易、可持续发展等领域的新规则。东盟国家、中国则是一直在推动一些早期的自由贸易协定进行升级，如中国—东盟自贸协定的升级、中国—智利自贸协定的升级、东盟—澳新自贸协定的升级、东盟—韩国自贸协定的升级等，在增加一些新兴议题谈判的同时，也推动这些协定能够更好反映当前的经贸合作实际情况。

二、自由贸易协定经贸规则的新变化

2018年以来，发达国家主导达成的TPP/CPTPP、欧加综合经济贸易协定（CETA）、日欧EPA以及USMCA协定等综合性、高水平自由贸易协定，日益成为世界各国关注的重点。以下通过对这些自贸协定文本特点进行比较分析，以总结归纳当前自贸协定经贸规则表现出的新变化、新特点。

（一）货物贸易

1. 除个别敏感产品外趋向全面开放

TPP/CPTPP等自贸协定对货物贸易市场准入提出了更高标准，除少数敏感农产品外，要求货物贸易全面开放；对工业制品要求接近100%的开放。TPP/CPTPP协定中，除日本货物贸易自由化水平为95%以外，其他国家均接近或达到100%；在工业制成品领域，各国自由化水平达到99%以上，其中协定生效立即取消关税的税目比重大多数国家在90%以上；在农产品领域，除日本（81%）外其他国家自由化水平也在95%以上，仅保留了少数农产品不取消关税。日欧EPA中，欧盟税目自由化率达到99%，其中工业制品100%零关税；日本税目自由化率达到94%，其中农林水产品为82%，工业制品为100%，对于牛肉日本确保了15年的关税削减时间和安全保障。CETA协定中，欧盟与加拿大自由化率达到97%以上，其中工业品自由化水平为100%，生效立即取消的税目达到99%以上；农产品自由化水平为91%以上，生效立即取消的税目达到90%以上。即使是欧盟与越南签署的自贸协定，也承诺达到99%的自由化率。

2. 原产地规则排他性加强，其中敏感产品规则趋向复杂化

为了不使区外成员搭便车，自贸协定原产地标准的排他性日益加强。例如，TPP/CPTPP协定要求对纺织品和服装货物原产地规则采用“从纱认定”原则，只有使用成员国纱线和织物的纺织品和服装才能享受优惠税率，即从原料到加工制作都必须在这一区域进行。USMCA协定进一步将汽车产品的区内制造比例从NAFTA的62.5%提高到75%，同时要求70%的钢铁和铝由北美区域生产，此外对核心汽车零件（如发动机和变速箱）的成分要求也进一步提高。为促进形成区域一体化的供应链，大多数自贸协定还引入了累积规则，同时允许微小加工或处理，非原产材料在10%以内以及生产中的中性成分均不影响原产货物属性。

对于敏感产品的原产地标准，自贸协定的标准呈现出复杂化的特点。如 TPP/CPTPP 针对汽车、纺织品等敏感产品，CETA 协定对糖、虾等农产品都设定了单独的原产地标准。USMCA 协定也对汽车和汽车零部件、纺织品以及化学品、钢铁密集型产品、玻璃和光纤等其他工业产品制定了更加严格的原产地规则，不仅要求加强海关执法，对产品进行验证，还提高了满足原产地规则的门槛。值得注意的是，USMCA 协定首次将工资标准与原产地规则挂钩，引入了 LVC（Labor Value Content，劳工价值成分）标准，要求40%～45%的汽车成分是由每小时收入至少 16 美元的工人生产的。

3. 海关程序要求更高的透明度和便利化，对快运货物给予优惠

为促进区域内产品自由流动，自贸协定的海关程序在透明度和便利化方面提出了更高要求。例如，TPP/CPTPP 要求以可预测、一致性和透明度为基本原则；简化海关程序，以电子方式处理海关文件，尽可能在货物抵达后 48 小时内放行，在税费未定时允许担保放行；为快运货物提供快速海关程序，正常情况下 6 小时内放行；对税则归类、海关估价和原产地归属等事项进行预裁定，有效期至少 3 年；建立电子通关系统，采用国际标准便利货物放行；采用风险管理制度，简化低风险货物的通关和移动。在快运货物方面，USMCA 协定没有做出 6 个小时的放行要求，但要求在提交了所需文件数据后立即放行，同时约定了不计征关税的最低标准，要求各方采用更少的海关手续，以便利中小企业和电子商务的发展。

4. SPS/TBT 规则重视透明度与非歧视性，要求采取一致性做法、促进标准互认

发达国家通过自贸协定要求在 SPS（卫生与植物卫生措施）和

TBT（技术性贸易壁垒）上采取一致性做法，提高程序透明度，给予他国非歧视性对待。例如，TPP/CPTPP 协定针对葡萄酒和蒸馏酒、IT（信息技术）产品、药品、化妆品、医疗设备、预包装食品和食品添加剂的专有配方、有机产品等产品拟定了专门的附件，要求确保透明度，加强信息交换和政府间磋商，促进合格评定结果互认、标准一致化以及等效性互认，推动在贸易管理中采取共同做法。USMCA 协定也制定了 IT、制药、医疗设备、化妆品和化学物质的附件，以促进监管兼容性和最佳监管实践。欧盟在 SPS 和 TBT 领域提出更加严格的标准，CETA 协定建立了欧盟与加拿大的合格评定互认机制，进一步简化了农产品进口的植物卫生审批流程，以降低成本，提升动植物产品贸易的可预测性；加拿大率先承认了联合国欧洲经济委员会的汽车标准，而这些标准已被欧盟采纳。日欧 EPA 就机动车的产品安全和环境保护国际标准互认达成一致，在医疗设备、纺织品标签、烧酒和葡萄酒等领域，日本将采取欧盟使用的国际标准，或是确保其标准和技术法规尽可能以国际标准为基础。

（二）服务贸易

1. 采用负面清单或混合清单的开放模式

WTO 对服务贸易采取“正面清单”的开放模式，即分别列出跨境交付、境外消费、商业存在和自然人移动四种服务贸易提供方式下的市场准入与国民待遇限制，只对这些明确列出的行业给予开放承诺。而发达国家更多地采取负面清单或混合清单的方式对服务贸易部门进行开放。例如，TISA 谈判采取了“混合清单”的开放模式，即对国民待遇采取负面清单模式，对于市场准入仍然采取 WTO 的正面清单模式；而 TPP/CPTPP、USMCA 协定、CETA 和日欧 EPA 等更多发达国家签署的协定则采用了“负面清单”开放模式，仅列出保留措施，对于新出现的服务门类自动开放，以实现更高水平的服务贸易自由化。

2. 取消市场准入限制，锁定开放成果、实质开放更多服务部门

除要求取消数量配额、垄断、专营服务提供者以及经济需求测试要求等多种形式的服务贸易限制性要求外，TPP/CPTPP 等协定还要求实质性开放更多的服务领域，尤其是增强对金融、保险、电信等敏感领域的开放。在 TPP/CPTPP 协定中，越南、马来西亚等扩大对金融、保险领域的开放，越南同意在 TPP/CPTPP 生效后 5 年内开放电信部门，对于法律、建筑工程、教育、煤炭、运输物流、健康、电子商务等服务行业，成员国也不同程度提高开放水平。日欧 EPA 要求确保欧盟邮政和快递服务供应商与日本邮政的平等竞争，并进一步开放了金融、电信和交通服务。CETA 协定中，加拿大进一步开放邮政、电信、海运等服务部门，甚至在疏浚和一些支线运输活动方面做出了市场准入承诺。为锁定开放成果，TPP/CPTPP 等协定还引入不符措施的棘轮机制，要求任何不符措施的修正，与修正前相比未降低该措施与国民待遇、最惠国待遇、市场准入、当地存在的相符程度，以锁定开放成果，保证开放水平不会回撤。

3. 金融服务要求扩大市场准入、加强监管合作

TPP/CPTPP 等协定对金融服务单独设章，提出了许多高于 WTO《服务贸易总协定》的规则，要求进一步扩大市场准入，开放金融、保险市场以及新金融服务部门，给予外资国民待遇和最惠国待遇，允许设立外商独资金融机构，取消数量性限制以及在兼并、收购等方面的限制，加强金融领域的监管合作。如 TPP/CPTPP 协定要求减少对于金融机构提供服务、设立商业存在的限制，开放新金融业务等。CETA 协定禁止对金融机构施加某些特定的市场准入限制，还建立了金融服务委员会，负责监督金融服务章节的实施，并参与相关投资者与国家间争端解决程序的审慎措施。USMCA 协定提出了跨境金融服务贸易的国民待遇承诺清单，对新金融业务进行开放，制定了金融监管透明度的详细规则，还在美墨之间建立了投资者与国家的金融争端解决机制。此外，首次提出要求允许金融数据的跨境传输，在金融监管机构有权访问其履行监管职责所需的数据的情况下禁止本地数据存储的要求。

4. 电信服务强调国民待遇、公平竞争与透明度

越来越多的自贸协定对电信服务单独设章，在透明度、监管机构、许可、稀缺资源分配、技术选择等许多领域做出详细规定，以确保电信主管部门依照合理、公平和透明的原则进行市场监管。TPP/CPTPP 协定要求确保企业依照合理和非歧视的条件，接入和使用任何公共电信服务；提高国际移动漫游服务费率的透明度和竞争程度；加强对电信服务市场的竞争保障；要求电信监管机构独立于任何公共电信服务供应商，不在其中拥有金融利益和管理职责，不得给予国内供应商高于国外供应商的待遇；制定了详细的争端调解机制，要求成立电信委员会。CETA 的电信章节也做了类似的规定，如要求为彼此公司在其境内和跨越国界的公共电信网络和服务提供非歧视性的接入，要求国内主要电信服务提供商向竞争对手提供以合理和非歧视性条款以成本导向的价格获得基本设施的机会，以使电信服务的监管环境更具可预测性和竞争性。USMCA 协定电信章节涉及访问和使用电信服务、增值服务以及透明度等方面的主要义务，大部分内容与 TPP/CPTPP 相一致，主要是强调国民待遇、竞争性和透明度等原则。

5. 自然人移动准入存在争议

在自然人移动领域，发达国家希望加强商务和专业人员的便利化，如提高临时入境便利化水平、延长临时入境停留时间、加强专业资格互认等；而发展中国家希望给予低技能人才市场准入承诺。鉴于上述考虑，TPP/CPTPP 协定没有就自然人移动设置章节，而是就商务人员临时入境设置了单独章节，设立了商务人员临时入境委员会，对商务人员临时入境提供便利，除美国之外的各国还对商务人员的临时入境资格、停留期限等给予新增或改进承诺，但与此相关的争议不得诉诸协定的争端解决机制；同时在跨境服务贸易中对专业服务人员的资格互认、注册等达成协议。USMCA 协定也仅就商务人员的自由流动单独设章，保留了原有 NAFTA 协定的市场准入承诺，同时还更新了临时入境的程序规则，以增加规则的确定性。CETA 协定成员方均为发达国家，因此在企业内部人员调动、专业资质互认等方面有较多承诺，但在低水平劳动力上没有任何承诺。日欧 EPA 有关商务人员的临时流动达到了欧盟迄今的最高标准，涵盖了所有传统类别和短期商务访客和投资者等新类别，双方还承诺允许配偶和子女陪伴服务提供者或为服务提供者工作的人，以支持双向投资。

（三）投资

1. 要求给予准入前国民待遇，以负面清单方式放开投资准入

TPP/CPTPP 等协定的投资章节基本都采用了准入前国民待遇加负面清单的开放模式，这也代表了国际投资规则发展的新趋势。准入前国民待遇要求在投资的设立等准入前阶段就要给予外资国民待遇，负面清单则要求一国在引进外资的过程中以清单形式公开列明某些与国民待遇不符的管理措施。TPP/CPTPP、CETA、USMCA、日欧 EPA 等在协定中均做出了类似的承诺。

2. 禁止业绩要求和技术转让，放松对高管的国籍限制

许多协定的投资章节提出了业绩禁止要求，比如 TPP/CPTPP 在协定要求各方承诺不能强制要求投资者进行同出口比例、当地含量、出口外汇收入、转让技术、给予技术购买优惠或禁止给予技术购买、干预许可合同等方面的承诺或保证。同时，不能把国内含量、购买国内货物、出口外汇等作为投资者获得优惠的条件；不得要求投资企业任用具有特定国籍的自然人作为高级管理人员。USMCA 协定也提出了类似条款，禁止政府要求公司任命特定国籍的高级管理人员。

3. 确保投资者公平公正和最惠国待遇，减少征收补偿条款歧义

公平公正和最惠国待遇是投资协定中的标准待遇条款。TPP/CPTPP 协定要求各方依照习惯国际法的惯例在法律和行政程序中给予投资者待遇的最低标准；最惠国待遇要求给予投资者/涵盖投资不低于其在同等条件下给予任何其他缔约方或第三国投资者及/或其投资的待遇。CETA 等协定也做出了同样的承诺。

从平衡投资者权益和政府监管需求的角度考虑，大多数投资章节既允许政府在各种例外下进行征收或限制投资转移，但也对政府行为进行严格明确的约束，尽可能减少歧义。TPP/CPTPP 协定提出，只有在为公共目的、及时、充分、有效地支付补偿、以非歧视的方式并根据正当法律程序进行的前提下，才可以进行间接征收或国有化。对于补偿，也要求无延迟支付、完全可实现和可自由转移且与征收之日的公平市场价值相等。CETA 协定也对间接征收引起分歧的条件进行了明确界定，专门列出了一个间接征收附录，指出间接征收仅限于投资者被实质性剥夺使用权、享受权、投资处置权等财产基本属性的情形，并将以逐案分析的方式确定是否构成间接征收，同时还允许投资者寻求国内救济。

4. 投资者—国家争端解决机制面临重构压力

多数自贸协定都引入了投资者—国家争端解决机制（ISDS），允许投资者向东道国政府提起投资争议，并提交国际仲裁进行裁决，从而为投资者提供了较为充分的权利救济途径和制度保障，但在实践中却引起了东道国政府和民众对这一机制被滥用的忧虑，同时对投资者而言这一机制也存在透明度低、程序复杂、效率低下、执行力弱等问题。为保证ISDS机制不至于被滥用，TPP/CPTPP协定中提出了一系列措施来增强争端解决过程中的透明度和公平性，如使听证会对公众开放，让公众和公共利益团体提交法庭之友意见书，确保所有的ISDS判决是经过国内法庭或国际审议小组审议等。CPTPP还特别制定了ISDS的行为守则，以进一步细化和规范争端解决机制的具体操作程序，提高程序的透明度；同时暂停了部分条款，不允许公司就投资合同或授权使用ISDS条款，缩小了ISDS的适用范围；对于与公共教育、健康和社会服务相关的投资争端给予政府更多豁免和例外；暂停与金融服务相关的最低待遇标准，进一步降低政府被投资者起诉的风险。由于1994年以来，加拿大在NAFTA框架下向美国投资者赔偿了2.05亿美元，因此，USMCA协定规定在3年过渡期内原有NAFTA的ISDS将继续适用于新美加墨FTA生效前的投资，但过渡期后，ISDS则仅限于美墨两国之间，对加拿大则不适用。而CETA协定则创新性地建立了独立的投资法院制度，由一个常设法庭和一个上诉法庭组成，来对投资者与国家之间的争端进行裁决。欧盟也向日本提交了有关投资法院的改革提案，但日欧EPA尚未就此达成一致。

5. 把国家安全作为例外，允许对外资进行安全审查

在美式投资协议范本中，安全例外条款通过“其认为”（it considers）一语赋予了东道国在采取安全例外措施时的自行判断权，只要东道国认为外国投资构成国家安全威胁，就可以不遵守国民待遇、最惠国待遇、征收等条款。但协议并没有明文规定东道国自行判断的范围和限度，在实践中的具体运作方式还有赖于国际投资仲裁庭的裁断，因此也使东道国滥用自行判断权仍然存在很大的空间。TPP/CPTPP 协定将此种情形下的例外放入了协定的“例外和总则”章节，提出了与美式投资协议相同的安全例外条款，并将此种例外扩大到整个 TPP/CPTPP 协定范围内。在 TPP/CPTPP 投资章节的附件中，澳大利亚、加拿大、墨西哥和新西兰明确提出，其对外资实施的审查不得诉诸投资者—国家争端解决机制。CETA 协定中，加拿大也保持了对欧盟投资者的审查要求，但将门槛提高到 15 亿美元。

（四）政府采购

1. 门槛价更低，涵盖范围更广

同 WTO《政府采购协议》（GPA）相比，TPP/CPTPP 等协定制定了更低的政府采购门槛价。如 TPP/CPTPP 大多数国家对中央政府实体采购货物和服务的门槛价为 13 万特别提款权，高于 GPA2012 的 40 万特别提款权。同时，一些协定采购实体范围也从中央政府延伸到地方层面。如 CETA 协定中，加拿大的承诺涵盖了联邦实体、省级和地区级政府、大多数政府机构、“皇冠企业”（即与政府保持一定距离的国有企业），以及区域、地方和市级政府和实体的采购业务，仅在安大略省和魁北克省的能源公用事业和公共交通领域有所保留；而欧盟事实上已向加拿大开放了包括次级联邦政府层面在内的采购市场。日欧 EPA 中日本允许欧盟公司平等参与日本 48 个“核心城市”（居民人数在 30 万到 500 万之间，总数约占日本人口的 15%）的采购招标，并向欧盟开放医院和学术机构等 87 家实体和电力分配相关的 29 家实体；欧盟向日本开放

市级层面的城镇，并部分开放公共交通设备市场。USMCA 协定中，加拿大和美国将通过其在 GPA 中承担的义务，保留进入包括次级政府采购市场在内的权限；而墨西哥和加拿大之间的政府采购义务将依据 CPTPP 的规定。

2. 要求确保公平与非歧视性原则，考虑中小企业利益

GPA 遵循非歧视、透明度和对发展中国家特殊和差别待遇三原则。TPP/CPTPP 也要求遵循非歧视原则，要求立即无条件地给予其他任何缔约方供应商国民待遇，不得以外国联营程度、所有权比重或被提供的货物或服务的国别来源，而对供应商实施差异待遇，或因此歧视该供应商。CETA 协定提出遵循不歧视，透明度和公正性原则，要求公布有关采购机会的公开信息和竞争性采购规则，以及合同授予的信息，以便不成功的投标人能为未来做准备。考虑到中小企业对经济增长和创造就业的重要贡献，TPP/CPTPP 等协定要求为中小企业参与政府采购提供便利，包括提供采购相关信息，免费提供招标文件，通过电子方式或其他信息技术进行采购，以及将采购合同分包给中小企业。CPTPP 专门制订了例外条款，允许加拿大制定支持小型和少数族裔企业（包括土著企业）的采购计划。USMCA 中，美国对其中小企业保留了门槛价在 2.5 万美元以下的合同。

3. 要求技术标准不成为贸易壁垒，鼓励电子招标

TPP/CPTPP 等协定要求对采购的技术标准等条件进行清晰界定，以促进劳工和环境的保护，但同时也要求技术标准不造成贸易壁垒。如 TPP/CPTPP 协定允许制定或使用适用的技术规格以促进自然资源或环境的保护要求，但也要求以性能或功能性要求列出技术标准，而非设计或描述特征，要符合国际标准，并且不形成贸易壁垒。同时，适应网络技术的快速发展，TPP/CPTPP 等协定也提出了电子招标的相关规则，并对电子工具采购的具体程序做出详细规定。USMCA 协定也涵盖了电子招标的相关流程。

（五）知识产权

TPP/CPTPP 等协定在 WTO《与贸易有关的知识产权协定》（TRIPS）基础上，进一步提高了知识产权的保护水平。

1. 要求履行知识产权相关国际公约

TPP/CPTPP 协定要求各方遵守 TRIPS、《专利合作条约》及其修正版、《巴黎公约》及《伯尔尼公约》，要求成员国在 TPP/CPTPP 协定生效时加入《布达佩斯条约》、《新加坡条约》、《国际植物新品种保护公约》（UPOV 公约）、《世界知识产权组织版权条约》（WCT）、《世界知识产权组织表演和录音制品条约》（WPPT）等。CETA 等协定也提出将承诺遵守相关国际公约。

2. 要求延长版权保护期限，扩大对商标的认定范围

TPP 等协定在版权部分纳入了对作品、表演及歌曲、电影、书籍和软件等音像制品加以保护的承诺，并延长了保护期限。TRIPS 协议规定版权和相关权利的保护期为作者有生之年加去世后 50 年，而 TPP 协定①则延长至不得少于作者有生之年及作者去世后 70 年，

① CPTPP 暂停将版权保护期延长至 70 年的条款，仍然维持 TRIPS 协议 50 年保护期的标准。

或者为不低于自作品被首次出版年年底起计算的70年，若作品自创作完成以来25年内未出版，其保护期不少于自作品完成年算起的70年。USMCA协定也将作者版权保护期延长至70年，同时给予加拿大2.5年的过渡期；对不基于人生命期限的作品保护期为首次授权出版后至少75年；还将工业设计的保护期由10年提高到15年。日欧EPA也将版权保护期约定为作者去世后70年。目前，欧盟、美国、日本均已通过国内立法将作者的版权保护期延长至作者去世后70年。

一些自贸协定进一步扩大了对商标的认定范围，如TPP/CPTPP协定甚至要求尽最大努力注册气味商标，同时各协定都提出承认地理标识，并将可以作为地理标识的标记纳入商标制度进行保护。CETA协定中加拿大同意为欧盟大多数地理标识名称提供最高水平的保护。日欧EPA中日本为200多种欧洲农产品提供地理标识保护。USMCA协定为承认新地理标志提供程序保障，并要求建立磋商机制。

3. 提高药品和生物制剂保护水平，同时给予发展中国家特殊待遇

TPP、CETA等协定要求对药品及生物制剂施行严格保护，但对发展中国家也给予一定特殊待遇。对于含有生物成分的新型药品及生物制剂，TPP协定①给予各方两种有效的市场保护方式：一是

① CPTPP冻结了对生物制剂等新药的测试数据给予五年市场保护期、对属于或含有生物成分的新药在一缔约方内的首次上市许可给予至少5~8年的市场保护期等相关条款。

提供含有生物成分的新型药品开发数据至少 8 年的保护期，二是应用混合式的保护方式，即至少 5 年的保护期与本国其他措施联合提供保护；同时也给予越南等发展中国家一定的缓冲期限。USMCA 协定对新生物药品进一步提出 10 年的数据保护期要求；将农业化学品的数据保护期由 5 年提高到 10 年；对新试剂和新药品合成物分别给予 3 年和 5 年的数据保护期。值得关注的是，欧加在 CETA 协定中重申了 2001 年 11 月 14 日《关于与贸易有关的知识产权协定与公共卫生的宣言》有关向发展中国家出口药物的权利和义务，明确指出双方可以免除出口仿制药在 CETA 协定中约定的更多义务。

4. 重视数字环境下的知识产权保护

TRIPS 没有对数字知识产权等内容做出规定，但 TPP/CPTPP 等新协定对数字环境下知识产权保护提出了新要求。如 TPP/CPTPP 协定要求知识产权执法同样适用于网络数字环境下的商标、版权及相关权的侵权行为的处理；为网络服务提供商建立了版权安全港条款，鼓励各方在适当条件下减少或消除网络提供商的责任，对网络提供商并未掌控、发起、直接参与网络系统的打击侵权的行为予以保护。USMCA 协定增加了有关互联网服务提供商（ISP）在线侵权责任的条款，同时要求制定严格的标准，以应对规避保护数字音乐，电影和书籍等作品的技术保护措施，明确承认知识产权执法程序必须适用于数字环境下的商标和版权或相关权的侵权。

5. 更加严格的知识产权执法措施

美国、欧盟等在自贸协定中提出了更加严格的知识产权执法条款，要求通过刑事程序、边境措施等手段加强执法力度。如 TPP/CPTPP 协定要求针对具有商业规模的商标假冒和侵犯版权等行为采取刑事程序和处罚。USMCA 协定要求对未经授权的电影摄录实施刑事诉讼程序和处罚，对盗窃卫星和有线信号进行民事和刑事处罚。由于欧盟议会否决了《反假冒贸易协定》（ACTA），因此 CETA 协定对于 ACTA 中有争议的刑事处罚条款并未涉及，仅提及边境措施等内容。日欧 EPA 则仅提及知识产权的民事救济权利和边境措施。在边境措施方面，TPP/CPTPP、CETA、USMCA 协定等协定规定了详细的执法措施，给予海关当局更多权力来监督处理边境侵权行为。TPP/CPTPP 规定，海关当局可自己决定对进口的以及即将出口的可疑的仿造商标产品和盗版产品采取打击措施。CETA 协定中，加拿大同意加强针对假冒商标、盗版商品以及假冒地理标志商品的边境措施，以向欧洲的保护水平靠拢。USMCA 协定要求保证执法人员可依职权在进入、退出和过境任何一方领土的每个阶段都可制止可疑假冒或盗版商品。

（六）环境

美国在 1994 年的 NAFTA 中就加入了环境合作的内容，随后在与各国的自贸协定中都设置了“环境”章节，TPP/CPTPP 协定与 USMCA 协定同样如此。欧盟则将环境议题作为可持续发展的重要内容纳入自贸协定中。

1. 承诺履行国际环境公约的义务

TPP/CPTPP 要求成员国遵守《濒危野生动植物种国际贸易公

约》《国际防止船舶造成污染公约》《关于消耗臭氧层物质的蒙特利尔议定书》等国际环境协定相关承诺。CETA 协定也提出认识到国际环境协定作为应对全球环境问题的价值，重申对成员国签署的各项多边环境协定的承诺。日欧 EPA 特别提到将有效执行《联合国气候变化框架公约》《巴黎气候变化协定》《生物多样性公约》。

2. 要求严格实施国内环境法

TPP/CPTPP、CETA、日欧 EPA 等协定均制定了严格的环境法实施原则，承诺有效实施各自的国内环境法，不通过削弱或降低环境法律中的保护来鼓励贸易或投资，同时还要求提高环境政策决策、实施和执行透明度。同时也制定了详细的加强程序，如 TPP/CPTPP 要求确保利益人可向主管当局请求调查环境法的违反行为，确保司法、准司法或行政程序可为违反环境法行为提供制裁或救济，且利益人有权获得此程序。CETA 的贸易和环境章节也包含了确保国内诉讼程序可用于补救违反环境法的规定。

3. 加强环境事宜的争端解决机制

TPP/CPTPP、USMCA 以及美国签署的各种 FTA 均规定，环境事宜可在磋商、斡旋、调和、调解不成之后使用 FTA 争端解决机制寻求救济或补偿，但欧盟建议通过政府磋商或是特别的争端解决机制来解决。如 CETA 协定允许缔约方就贸易与环境章节下产生的任何问题进行磋商，如果磋商不能解决，则允许设立专家小组，由专家小组对外发布报告并后续跟进，而不允许使用协定的争端解决机制。日欧 EPA 在可持续发展章节建立了专门的机制来解决环境、劳工等与贸易相关的问题，这个机制涵盖政府、外部专家、市民团体和其他独立实体如ILO等机构，主要的程序包括：磋商、成立独立专家小组、发布小组报告和执行报告。

4. 建立环境相关委员会，提升公众参与机会

TPP/CPTPP以及美国签署的各种FTA均建立了环境事务委员会，由双方高官组成，定期召开会议，处理环境事宜，监督协议执行。而欧盟则在CETA、日欧EPA等协定中提出建立贸易与可持续发展委员会，同时通过成立个人、非政府组织和商业组织代表组成的国内咨询小组来落实协议相关内容。美欧等发达国家十分重视公众在环境保护中的作用，通过各种方式提升公众参与机会。如TPP/CPTPP要求确保公众获得相关信息、发展与公众就环境事务进行沟通的程序、向公众征求意见、为书面意见提供回执与反馈意见、利益人可向主管当局请求调查环境法的违反行为等内容。日欧EPA设立了国内咨询小组，涵盖了贸易联盟、商业联合会、消费者团体和环境团体等社会团体组织的代表，可以与政府代表讨论可持续发展相关事务，保证协定能够被正确地执行。

5. 加强野生动物贩卖、非法砍伐与捕捞、渔业补贴等领域合作

TPP/CPTPP等协定增加了许多新的环境合作领域，涉及野生动物贩卖、非法砍伐、渔业补贴、非法捕捞、空气质量、生物多样性等众多领域。如TPP/CPTPP协定要求采取行动打击野生动植物非法贸易并开展合作；开展可持续的林业与渔业管理，禁止渔业有害补贴，克制引入新补贴。USMCA承诺开展改进空气质量的三方合作，提高数据信息透明度。CETA协定要求鼓励可持续管理森林产品贸易，促进渔业和水产养殖的可持续和负责任管理，在环境商品和服务的贸易投资促进、气候变化和生物多样性等领域进行合作。日欧 EPA 承诺共同防止非法采伐和相关贸易，甚至包括日欧与第三国的贸易；同时澄清协定不影响欧盟严格禁止鲸产品贸易。

（七）劳工

TPP/CPTPP 以及美国签署的自贸协定都单独设置了劳工章节，而欧盟对劳工问题也非常关注，通常将其作为贸易与可持续发展议题的一部分纳入自贸协定。

1. 承诺遵守核心劳工标准

欧盟和美国在其自贸协定中，如 TPP/CPTPP、CETA 均承诺采用和维持国际劳工组织（ILO）的核心劳工标准，包括自由结社权、有效承认集体谈判权、消除一切形式的强迫和义务劳动、有效废除童工并为本协议目的禁止最恶劣形式的童工以及消除就业和职业歧视等。CETA 协定还特别提出不得歧视移民工人，USMCA 协定则要求确保移民工人受到劳动法的保护。这些协定通常都要求遵守这些核心劳工标准，不得以减损或降低这些劳工标准来影响贸易和投资。

2. 保障劳工条款有效实施

TPP/CPTPP 等协定设置了详细的程序以确保基本劳工权利能在缔约国得到实施。如 TPP/CPTPP 协定约定了各方在适用和实施劳工法律方面的权利和义务，要求有效实施其劳工法律，确保当事方可以寻求国内司法救济，保证法庭程序公正、公平和透明。CETA 协定中，加拿大和欧盟也承诺有效执行国内劳动法，包括根据其国际承诺来维持劳动监察制度；确保相关行政和司法程序的公正和公平。

3. 建立劳工事务委员会

TPP/CPTPP 等协定要求成立由各方劳动部门或其他适当机关的高级官员组成的劳工事务委员会，还要求在各国劳动部门内指定一个办公室作为联系点。如 TPP/CPTPP 要求劳工事务委员负责劳工条款的执行问题，其做出的报告和决定都应当公开；每次会议应包括委员会成员与公众见面并讨论条款执行问题；还规定缔约方可组建国家劳工顾问委员会对条款执行提供建议。而 CETA 协定则将贸易和可持续发展委员会作为讨论劳工议题的机构，并在其下建立民间社会咨询小组，以便就劳工和贸易相关问题提供意见和建议。

4. 设置完善的劳工问题争端解决机制

TPP/CPTPP 协定设置了非常完善的劳工磋商机制，要求尽量协商解决问题，协商不成时，可以请求劳工事务委员会介入进行调解或调停，如果争端不能在协商请求送达后 60 天内解决，则可以请求将争端提交协定的协商程序或是交由联合委员会，继而可以根据协定的争端解决机制寻求救济。同时也约定劳工争端在寻求依劳工章节的规定解决之前，不得求助于协定的争端解决程序。而欧盟在自贸协定中，没有提出将劳工议题诉诸自贸协定争端解决机制的要求，而是通过政府协商和征求国内咨询小组等方式建立专门的争端解决机制来予以解决。如 CETA 协定强调，在磋商不成时，可建立由三名专家组成的独立小组，以进一步审查此事项。

（八）竞争政策与国有企业

在 WTO 经贸规则体系中，并没有就竞争政策和国有企业制定系统的规则，但是在货物、服务、知识产权、政府采购等各领域都提出公平竞争的要求，对国有贸易企业也有一定约束。随着中国经济实力的不断上升和国有企业在全球范围内竞争力的提高，以 TPP/CPTPP 为标志，发达国家开始将“国有企业”从自贸协定的竞争政策中剥离，制定单独的国有企业规制，以限制和约束国有企业的行为。

1. 竞争政策执法要求确保程序公平的基本规则

发达国家在竞争政策中提出要求执法确保程序公平，如 TPP/CPTPP 不仅详细规定违反竞争行为而被制裁和被救济方所拥有的权利，而且对竞争主管机关的行为、调查程序和规则进行了明确说明，以确保能够实现程序公平的基本原则。TPP/CPTPP 还引入私人诉权，允许违反竞争行为的相对人独立地或在国内竞争主管机关做出违反裁定后，有权从法院或其他独立法庭寻求就违反国内竞争法的行为对其所造成的损害进行救济。

2. 扩大国有企业的定义，限制国有企业的管辖豁免

在美国、加拿大和墨西哥 1994 年签署的 NAFTA 协定中，国有企业被定义为缔约方所有或通过所有权益控制的企业。而在 TPP/CPTPP 协定中，国有企业指主要从事商业活动的企业，同时需满足下述三个条件之一：（1）政府直接拥有 50% 以上的股本（股权）；（2）政府通过所有权益行使 50% 以上的投票权（投票权）；

(3) 政府拥有任命董事会或其他类似管理机构大多数成员的权力(任命权)。USMCA 协定在 TPP/CPTPP 协定的基础上，进一步扩大了对国有企业的涵盖范围，提出如果一国政府通过其他所有权益包括间接或少数股权方式拥有控制企业的权力，那么该主要从事商业活动的企业也会被认定为国有企业。

3. 要求保证非歧视待遇和商业考虑

TPP/CPTPP 协定要求政府确保国有企业和指定垄断企业，不论是在行使政府权力还是在出售商品或服务时，对外国投资者提供非歧视待遇；在购买或出售商品或服务时，需要完全基于商业考虑开展行为。对于指定垄断企业，还要求不使用其垄断地位直接或间接地对贸易投资产生负面影响。类似地，日欧 EPA 也要求确保国有企业在购买或销售货物和服务时确保商业考虑，并且要求对其他各方的企业给予非歧视性待遇。

4. 建立了非商业援助规则

TPP/CPTPP 首次在补贴的基础上制定了“非商业援助”的规则，指根据政府对国有企业的所有权或控制而对该企业提供的援助。这些援助包括两类：一是资金的直接转移或潜在的资金或债务的直接转移；二是比该企业商业可获条件更优惠的除一般基础设施外的货物或服务。TPP/CPTPP 协定要求政府（或国有/国营企业）不得直接或间接向其任何国有企业（包括在其他方的领土内投资的国有企业）的货物生产和销售、跨境服务提供非商业援助，而对另一缔约方的利益造成不利影响。协定对不利影响和损害的判断标准进行了具体的规定，与 WTO 补贴与反补贴措施协议规则类似，但更加明确，同时，对于非商业援助也提出了一些例外。日欧EPA则是单独制订了补贴章节，要求对补贴履行通知义务，规范了应请求进行磋商的程序，并且承诺禁止一些特定类型的补贴。

5. 提高政府对国有企业控制和支持等方面的透明度

发达国家要求提高政府对国有企业控制和支持方面的透明度。TPP/CPTPP协定提出的透明度规则包括两类：一类是常规的要求，如提供或通过官方网站公布其国有企业名单，且每年更新；同时公布对垄断的指定或对现有指定垄断范围的扩大及其指定条件。另一类是应另一方请求而提供的信息，既包括企业信息也包括非商业援助政策或项目的信息。如企业信息要求提供：该缔约方、其国有企业或指定垄断在该实体中累计拥有的股份比例，以及其累计持有的投票权比例；对其持有的任何特殊股份或特别投票权或其他权利的描述；在该实体董事会担任职务或成员的任何政府官员的政府头衔；关于该实体最近3年的年收入和总资产的可获信息；该实体根据该缔约方法律所享有的免责和豁免等。非商业援助政策或项目的信息则包括：非商业援助的形式（赠款、贷款）；提供方的名称；法律依据和政策目标；单位金额或总金额或年度预算金额；贷款或贷款担保的金额，利率和收取的费用；收取费用的价格；投资的金额、股份数量及描述等。

6. 允许特定情况不适用或给予例外安排

TPP/CPTPP协定明确指出国有企业与指定垄断规则适用于一缔约方的国有企业和指定垄断在自贸区内对缔约方间的贸易投资产生影响的活动，但同时也列出了不适用的情形，主要涉及金融监管机构的特定监管活动、国有企业解散破产、主权财富基金、独立养老基金以及各国的负面清单里的相关活动。此外，还提出了例外情况，例如，全国或者全球经济发生紧急状况时，国有企业根据政府授权提供出口和进口支持、私人投资支持等金融服务时，但需满足两个条件：一是无意取代商业金融，二是提供的条件不优于自商业市场上获得类似金融服务；对于自商业活动取得年收入低于2亿特别提款权的国有企业或指定垄断也做出例外安排。CETA 协定也规定了合理的例外情况，以确保不影响公共采购方面的承诺以及服务投资方面的保留清单。USMCA 则对特定年收入以下的国有企业和指定垄断给予豁免，对于省级、边境或地方政府拥有或控制的国有企业或指定垄断也给予某些规则的例外。

7. 是否适用协定争端解决机制存在争议

发达国家对于竞争政策和国有企业议题是否适用争端解决机制还存在争议。如 TPP/CPTPP 协议规定，竞争章节下产生的任何事项不可诉诸 TPP/CPTPP 的争端解决机制，但国有企业和指定垄断章节中关于国有企业和指定垄断的信息形成过程中产生的争议可适用于 TPP/CPTPP 的争端解决机制。USMCA 协定也采取了类似 TPP/CPTPP 的处理方式。日欧 EPA 指出竞争政策、补贴和国有企业均不适用协定的争端解决机制，而是分别制定了单独的争端解决机制。

（九）其他议题

一些国家在自贸协定中还制定了电子商务/数字贸易、中小企业、经济合作、竞争力与供应链、企业社会责任与公司治理、监管一致性/监管合作、透明度和反腐败、货币与汇率以及非市场经济条款等方面的规则。

1. 电子商务与数字贸易

随着信息技术的广泛应用，跨境电子商务已成为国际贸易的重要内容。目前，各国均在自贸协定中制定电子商务相关规则。如TPP/CPTPP要求禁止向数字产品征收关税；对电子传输的数字产品提供非歧视待遇；反对强迫企业建立信息基础设施的本地化要求；要求确保跨境数据流动，但需符合政府以隐私保护为目的进行管制的合法利益；相互认可电子认证和电子签名的效力。CETA协定提出永久暂停以电子方式传输的数字产品的关税、费用或收费，承诺促进中小型企业使用电子商务。日欧EPA承诺不对电子传输征收关税，对等承认各自的数据保护系统，允许数据自由流动。USMCA协定则新增了数字贸易章节，要求禁止将关税和其他歧视性措施应用于以电子方式传输的数字产品；要求确保数据跨境传输，最大限度地减少对数据存储和处理的限制，以增强和保护全球数字生态系统；确保供应商使用电子认证或电子签名不受限制，以促进数字交易。总体上看，电子商务与数字贸易的规则正在酝酿和形成之中，许多国家要求取消关税与限制，但在一些领域也存在巨大争议，尤其是跨境数据自由流动与个人隐私保护以及政府监管方面需要取得平衡。

2. 中小企业与经济合作

中小企业作为市场经济的重要主体，被越来越多的国家增加到自贸协定文本中。发达国家要求承诺向中小企业提供有关如何利用自贸协定的信息，提高其参与国际贸易的能力。如 TPP/CPTPP 要求为中小企业建立网站，并尽可能用英文发布信息。USMCA 协定要求建立信息共享工具，以帮助中小企业开展业务；建立供中小企业开放参与的对话框架，使其能就协议实施和进一步现代化向政府提供意见和信息，以确保中小企业持续受益。同时，TPP/CPTPP、USMCA 协定等还建立了中小企业委员会，给予支持援助，分享实践经验，帮助其有效融入全球供应链。以中国为代表的许多发展中国家将经济合作议题纳入自贸协定，TPP/CPTPP 成员也认识到合作和能力建设对发展中成员加速经济增长的重要意义，因此增加了合作和能力建设章节，提出通过联络点、合作与能力建设委员会等机制进行协调沟通，开展合作活动，使高标准规则有效落实。但自贸协定中，中小企业、经济合作等相关事宜均不适用于 FTA 争端解决机制，大多都是方向性和指引性的规则。

3. 竞争力与供应链

随着经济全球化的不断加强，竞争力与供应链也成为自贸协定新规则的组成部分。TPP/CPTPP 提出建立由各国政府代表组成的竞争力和商务便利化委员会，通过讨论和信息分享以及其他安排，促进区内经济一体化和发展的竞争环境。USMCA 协定设置了竞争力章节，提出建立竞争力委员会，职责包括促进信息共享以支持北美贸易投资；协助交易者利用 FTA；提供意见和建议；确定发展现代物理和数字基础设施的项目和政策；考虑采取行动打击北美以外国家的扭曲市场的做法等。TPP/CPTPP 协定在“竞争力和商务便利化”章节提出了供应链条款，将加强区域供应链建设作为主要目标之一，认为区域供应链的发展和加强能促进自贸区整合生产、便利贸易和降低商业经营成本，竞争力和商务便利化委员会应积极探索展开项目，促进供应链的发展和升级。

4. 企业社会责任与公司治理

TPP/CPTPP 不仅在投资章节设置了企业社会责任（CSR）条款，重申鼓励企业自愿将国际承认的、已被该缔约方认可或支持的企业社会责任标准、指南和原则纳入内部政策，在劳工和环节章节也增加了相关的 CSR 条款，要求各方努力鼓励企业自愿采用为该缔约方所批准或支持的与劳工和环境相关的企业社会责任倡议。新美加墨 FTA 也在投资章节中单独设置了 CSR 条款，重申了鼓励企业遵守《经合组织跨国公司指导准则》等 CSR 标准的重要性，还列举了劳工、环境、性别平等以及原住民或土著人民的权利等具体领域。此外，一些美国签署的 FTA 在环境章节设立了“公司管理原则”条款，要求各国鼓励其领土或是司法管辖范围内的企业在其内部政策中自愿实行良好的公司管理原则。日欧 EPA 则第一次在自贸协定中增加专门章节来阐述公司治理规则，其基于 G20/OECD 的《公司治理原则》，反映了欧盟和日本在此领域的最佳实践和规则。双方承诺遵守关键原则和目标，如公开上市公司的透明度和信息披露；管理层对股东的责任；基于客观和独立立场的负责任的决策；有效和公平地行使股东权利；收购交易的透明度和公平性。

5. 监管一致性/监管合作

各国在自贸协定中还增加了涉及国内规制的监管一致性或监管合作的条款，以使各成员规范经济运行，改善营商环境，减少交易成本，实现合理的政策目标。如 TPP/CPTPP 提出监管一致性条款，要求各方在国内建立统一协调的审查程序及机制；通过专门机构进行监管影响评估，制定符合成员方自身的最佳措施；设立监管委员会，促进交流合作。日欧 EPA 也涉及监管合作条款，承诺建立监管合作委员会，以加强和促进良好监管实践和监管合作，但同时也表示监管合作是完全自愿的，将不会影响双方实现公共政策目标的权利，同时也不适用于欧盟成员国监管部门或是其采用的政策措施，相关的内容也不适用 EPA 的争端解决机制。USMCA 协定制定了良好的监管实践章节，提出建立三方委员会，以确保透明、可预测和统一的监管体系为目标，促进各国监管合作和减少不必要的贸易壁垒。

6. 透明度和反腐败

透明度原则是世贸组织的重要原则之一，自贸协定进一步提出了更高标准，如要求在规章等政府决策制订中提供更大透明度，尽早公布普遍适用的法律、法规和行政裁定，以及影响贸易和投资的其他程序；还要求在措施采取和确定之前为利益攸关者提供评议的机会。TPP/CPTPP 协定还将反腐败议题增加到透明度章节，以《联合国反腐败公约》主要内容为基础，要求承诺抑制腐败并制定提倡政府官员高尚道德标准的行为准则。USMCA 协定则单独设置了反腐败章节，要求各方将本国的贿赂定为犯罪并打击贿赂；保护举报人免受报复；采取行动促进公职人员的廉正；打击公职人员的贪污行为；加强在反腐败问题上的合作。

7. 货币与汇率问题

在TPP谈判过程中，美国国内团体就多次提出要加入汇率操纵的内容，但未能如愿。USMCA协定开始首次设置了宏观经济政策和汇率问题的章节，就货币问题提出了新规则，要求通过要求高标准的承诺来避免竞争性货币贬值和目标汇率，同时显著提高透明度，建立问责机制，以解决不公平的货币行为。美国认为此举能够加强宏观经济和汇率的稳定性。

8. 非市场经济条款

USMCA协定首次针对非市场经济体制订了带有明显歧视性的限制条款。其投资者—国家争端解决机制特别提出，如果一方认为来自另一方的投资者被美墨以外的第三方拥有或者控制，而该第三方被一方认为是非市场经济体，那么这一投资者不能成为申诉方提起投资仲裁。在第32章例外与一般规定中单独制定了非市场经济FTA条款，指出，如果一国被任何一方的国内贸易救济法认定为非市场经济国家，同时没有与美加墨三方签署FTA，那么与该国开始自贸协定谈判之前至少三个月，需要通报其他各方。任何一方如果与前述非市场经济国家签署FTA，其他各方有权在提前六个月通知的条件下终止USMCA协定协议，并且用双边协定取代。

三、国际经贸规则发展的新趋势

从“二战”后全球经贸规则的发展演变进程来看，以世贸组织为主的多边贸易体系一直是国际经贸规则形成的主平台，区域和双边自由贸易协定作为其重要补充，两者交替推动国际经贸规则逐步向前发展和演进。当前，世贸组织陷入生存危机，多边贸易体系面临巨大挑战，全球经贸规则正处于激烈的碰撞期、变革期，自贸协定日益成为许多国家重塑全球经贸规则、争取全球经济治理话语权的重要选择。2018 年以来，世界主要国家均加快推进基于规则的自贸协定建设，以谋求国际经贸规则制定的主导权，以规则为导向的自贸协定升级谈判或是现代化谈判也成为热点。同时，新一代自贸协定中涉及的电子商务、数字经济等内容也逐步成为世贸组织的重点议题。总体上看，未来一段时期是全球经贸规则变迁发展的重要阶段，新的经贸规则体系正在酝酿形成之中，其路径将更加多元化，包括中国在内的许多成员正在寻求改革、积极推动世贸组织现代化，同时，一些国家更加重视区域或双边自贸协定，一些国家积极商谈更加灵活、务实的类自贸协定，但多边作为主渠道，区域、双边和类自贸协定作为补充，共同推动国际经贸规则发展的大方向，仍未逆转。

（一）国际经贸规则大国主导特征仍然明显，但发展中国家和新兴经济体逐步拥有更大话语权和影响力

在国际经贸规则的决定因素上，更多地体现出大国主导的特点，但发展中国家和新兴经济体在参与规则制定上逐步有了更大话语权和影响力。“二战”之后，美国正是凭借其国家实力获得了主导国际经贸规则制定的权力，牵头建立了 WTO、国际货币基金组

织、世界银行等一系列国际组织，成功地搭建了现行国际经贸规则的体系与框架。在多边或区域范围内的这些规则制定平台上，尤其是在规则议题的设计和具体的谈判过程中大国的作用更加突出，大国话语权更大、对规则议题的引领作用更强，而其他国家往往处于从属的地位，在规则制定中处于被动接受的不利地位。一项国际经贸规则要在全球或区域范围内得到推动，需要有大国在其中发挥引领作用。当前，全球经济格局正在发生深刻调整，发展中国家和新兴经济体的地位有所上升，二十国集团（G20）、亚太经合组织（APEC）、上合组织、金砖合作组织等新平台作用不断增强，发展中国家和新兴经济体在参与规则制定上逐步有了更大话语权和影响力。而美日欧等发达国家也加紧了对规则制定主导权的争夺，通过建立 TPP/CPTPP、新美加墨 FTA、CETA、日欧 EPA 以及各种双边形式的类自由贸易协定，也正是希望重新塑造符合其国家利益的新一代经贸规则体系，继续维持在全球政治经济中的核心地位与竞争优势。

（二）涵盖领域由边境上议题向边境后议题延伸，日益向深度化、多元化的方向发展

随着国际经贸规则发展阶段的不断演进，其所涵盖的经贸规则议题领域正进一步向着深度化、多元化的方向发展，逐步由传统的边境上议题向边境后议题不断延伸。在多边层面的规则议题讨论虽然仍然进展较为缓慢，但大量的自贸协定已经纳入了越来越多的规则议题讨论。TPP/CPTPP 协定包含了 30 个章节，比过去的自贸协

定多了1倍，除传统的货物、服务、投资、争端解决等议题外，还涵盖了知识产权、环境、劳工、监管一致性、互联网自由、国有企业和竞争政策、反腐败等边境后议题。这些议题原本属于一个国家的内部事务，现在则成为国际协定约束的内容。欧盟与加拿大达成的CETA协定也包含了30个章节，加入了监管合作、政府采购、专业资格的相互承认、知识产权、贸易与劳工、贸易与环境、汽车标准、国有企业、垄断与特权企业、补贴、电子商务、国际海运服务等更多领域的规则议题。USMCA协定进一步增加到34个章节，甚至还涵盖了数字贸易、宏观经济政策与汇率问题等规则议题。

（三）货物贸易自由化水平与服务投资开放水平越来越高

在市场准入方面，WTO一直在积极推动各国进一步降低关税水平，开放服务市场准入，以提高货物与服务自由化程度，但2000年之后进一步大规模降税谈判受阻，仅在2015年就201项信息技术产品的零关税达成一致。近年来，以TPP/CPTPP、CETA、日欧EPA、USMCA协定等为代表的高水平自贸协定提出了更高的市场准入标准，要求各方自由化水平达到95%上，尤其是在工业制成品方面自由化水平接近100%。在服务贸易和投资领域，各协定不仅采取了负面清单的开放模式，要求各国在WTO正面清单基础上减少更多市场准入限制，而且引入了棘轮条款，以锁定开放成果，保证开放水平不会回撤。

（四）规则标准从宽泛化、概念化、形式化向更具体、更具操作和约束性转变

以往的多边和区域贸易协定中虽也都有涉及和讨论规则标准问题，但除货物、服务等传统领域外，对于其他议题的讨论多是原则性的表述，并没有实质的约束力。近年来，以 TPP/CPTPP 为代表的高标准自贸协定不仅对于传统领域议题的规则提高标准，而且对于部分新议题也加强了规则对于全体成员的约束力。如在环境、劳工、知识产权、国有企业等领域，TPP/CPTPP 协定不仅要求各方遵守相关的环境、劳工保护的国际公约、提高相关领域的执法水平，要求国有企业承担更多的信息披露义务，规范国有企业参与政府采购、获得补贴和贷款等行为，而且将其与协定的争端解决机制挂钩，允许这些章节的争端可以适用国际仲裁。在此机制下，一旦 TPP/CPTPP 成员有违反协定的行为，将面临相应的惩罚措施，以约束各国政府遵守协定内容。在海关程序、透明度、竞争政策等众多章节，对于涉及一国政府的国内程序方面，TPP/CPTPP、CETA 等协定也提出了严格的时间期限和程序性要求，进一步增强了对成员国政府部门的约束力。

（五）规则制定的理念原则由“自由贸易”转向“公平贸易”和“市场导向”

从成立之初，“自由贸易”的理念和原则就贯穿 WTO 的整个规则体系之中，通过持续 8 轮的谈判，达成了削减 2/3 关税的目

标，为推进全球范围的贸易自由化进程发挥了重要作用，而WTO也成为贸易自由化的代名词。随着近年来全球经济格局的东升西降，美欧等发达经济体认为以中国为代表的发展中国家，从WTO的自由化进程中受益更多，而这与WTO以“自由贸易”为理念的规则体系是分不开的。因此，在发达国家推动的区域贸易协定中，“自由贸易”的理念不再是第一位，其认为“公平贸易”应是新一代贸易协定的核心理念与基本原则，同时更加强调市场导向。TPP/CPTPP协定即是典型的代表“公平贸易”理念的新一代国际经贸规则体系，其引入了政府采购、竞争政策、国有企业、知识产权、环境、劳工等领域议题，在这些章节中无不直接提及或暗含了“公平”的理念，如要求投资待遇“公平公正”、政府采购中供应商“公平竞争”、实施知识产权的“程序公平”、劳动环境法的执行程序公平等等。对于国有企业，TPP/CPTPP协定更是明确提出“向国有企业提供不公平优势条件有损公平开放的贸易和投资”，因此，TPP/CPTPP协定“决心为国有企业订立规则，以促进形成与私营企业公平竞争的环境、透明度及良好商业惯例”。在TPP/CPTPP协定中，也在此理念下对国有企业与私营企业公平竞争、公平交易等做了大量的规定，以约束和规范国有企业的商业行为。而在TPP/CPTPP之后达成的CETA也同样涵盖了国有企业、政府采购、环境、劳工等议题，其中无不提及“公平贸易”的理念。除此之外，发达国家在竞争政策、国有企业等规则中，也更加强调市场导向，要求保证给予其他国家企业非歧视性待遇，要求本国的国有企业和垄断企业基于商业考虑进行经济活动，强调市场导向，如USMCA协定甚至首次针对非市场经济体制定了带有明显歧视性的限制条款。而美日欧贸易部长的2018年签署的声明也曾明确提出，以市场为导向的条件对公平、互惠互利的全球贸易体系至关重要，2019年签署的声明则进一步就市场导向的标准、国企补贴等规则达成共识。

（六）新技术革命背景下国际经贸规则的发展动向成为各国关注重点

信息技术与互联网技术的飞速发展，以及其与制造业的加速融合，对全球经济产业形态产生了重大的影响，不仅众多新兴业态快速出现，传统制造业也因此引发了新的革命。在新一轮技术革命的背景下，新兴业态的经贸规则仍然处于空白，传统制造业的规则也因此面临调整和更新。美国重新谈判NAFTA推动达成USMCA、欧盟推动自贸协定现代化、日欧达成EPA、中国和韩国等国推动自贸协定升级谈判，其中关注的一个很重要的方面也是为新兴的业态和产业重新制定规则。欧盟的新贸易战略中也提出要根据考虑到全球价值链、数字经济等新的经济变化对贸易协定进行更新；日本的国际经济贸易白皮书特别提及要应对第四次工业革命带来的挑战。从WTO层面来看，各国围绕数字贸易、电子商务等相关议题积极提出议题方案，促成中国、美国、欧盟等76个WTO成员签署了《关于电子商务的联合声明》，决定启动相关领域的多边谈判。因此，各国将更加关注和重视新技术革命背景下国际经贸规则发展动向，对其加大研究力度，通过多边或是自贸协定谈判等方式积极纳入相关议题等方式，希望能够适应甚至引领新产业、新业态的经贸规则与标准。

四、结论

目前，我国的自贸区规则标准与欧美发达经济体相比还存在一定差距。随着CPTPP、日欧EPA、CETA、日欧EPA以及USMCA协定等综合性、高水平自由贸易协定等的签署和生效，全球自贸协定的标准水平大幅提高。电子商务、竞争政策、国有企业、劳工、环境、非市场经济等新议题，以及更高标准的知识产权、政府采购、原产地规则等内容，使得CPTPP等高水平自贸区可能对未来国际经贸规则制定产生重大影响。我国应在坚持安全底线的前提下，综合考量经济效益与改革成本，积极对标国际高标准，进一步加快国内改革开放，加快推动高水平自贸区建设，积极构建中国特色的高标准经贸规则体系。对于贸易投资自由化便利化、知识产权、环境保护、电子商务、竞争政策、透明度、反腐败等符合我国长期发展方向的规则标准，应主动与国际接轨，推动国内相关部门主动对接改革，加快向制度型开放转变，提高经贸规则水准以及国内企业和公众参与度，加强经贸规则实施与执法力度，增强对国际经贸规则争端的风险应对防范能力。对于国有企业、劳工标准、非市场经济等敏感议题，则应在完善国内法律法规的基础上，尽快接受符合我国改革与发展方向的部分内容，对于其中危及我国政治安全、显失公平的歧视性规则应提前做好国内应对储备方案，同时在利用多双边机制和自贸协定等的同时与国际社会积极协商制定更加公正合理的规则条款，避免这些新议题成为发达国家抑制我国发展的工具。

参考文献

[1] [美] 西蒙·莱斯特、[澳] 布赖恩·默丘里奥：《双边和区域贸易协定：评论和分析》，上海人民出版社 2016 年版。

[2] 叶兴国、陈满生：《北美自由贸易协定》，法律出版社 2011 年版。

[3] 陈德铭等：《经济危机与规则重构》，商务印书馆 2014 年版。

[4] 顾学明、李光辉：《TPP 百问》，上海人民出版社 2016 年版。

[5] 袁波：《CPTPP 的主要特点、影响及对策建议》，载《国际经济合作》2018 年第 12 期。

[6] 中国自由贸易区服务网：http：//fta. mofcom. gov. cn/。

[7] 美国贸易谈判代表处：https：//ustr. gov/trade-agreements/free-trade-agreements。

[8] 加拿大全球事务部：https：//www. international. gc. ca/。

[9] 欧盟网站：https：//ec. europa. eu/。

[10] 东盟秘书处：https：//asean. org。

[11] 澳大利亚外交与贸易部：https：//dfat. gov. au/trade/agreements/pages/trade-agreements. aspx。

[12] 新西兰外交与贸易部：https：//www. mfat. govt. nz/en/trade/free-trade-agreements/。

[13] 韩国产业通商部：http：//english. motie. go. kr/www/main. do。

[14] 日本外务省：https：//www. mofa. go. jp/policy/economy/fta/。

Changes and Development Trends of Economic and Trade Rules in Global Free Trade Agreements

Yuan Bo　Wang Rui　Pan Yichen

Abstract: At present, the WTO is in an existential crisis, the multilateral trading system is facing great challenges, and the global economic and trade rules are in a period of fierce collision and reform. Free trade agreements (FTAs) have increasingly become an important choice for many countries to reshape the global economic and trade rules and strive for a say in global economic governance. Major countries in the world are speeding up the building of FTAs based on rules in order to seek the dominant right in the formulation of international economic and trade rules. Under the new circumstances, countries attach more importance to the role of FTAs in the formulation of international economic and trade rules. Under the game competition among countries, global economic and trade rules are facing a new trend of development.

Key words: free trade agreement (FTAs); International economic and trade rules; multilateral trading system

论当代经济学的假设缺陷、分布革命与分布经济学*

保建云**

摘要： 当代经济学主流理论存在自身难以克服的系统性与非系统性逻辑缺陷和理论局限性，需要从新的视角和新的逻辑构建经济学的新的分析范式。分布人性论是对主流经济学理论假设的扩展与创新，人类行为的概率分布及分布演化是分布经济学分析的逻辑起点和基本理论假设。分布经济学的理论分支系统而全面，理论及学科体系完整，代表了当代经济学发展与创新的方向，是新历史背景

---

* 本文是作者主持的教育部哲学社会科学研究重大课题攻关项目“亚太自贸区建设与中国国际战略研究”（项目批准号：15JZD037）、中国人民大学“统筹推进世界一流大学和一流学科建设”重大规划项目《国际关系与政治学博弈论及大数据方法研究》（项目批准号：16XNLG11）的阶段性成果。

** 保建云，中国人民大学国际关系学院教授、博士生导师，国际政治经济学研究中心主任。

下经济学演化、发展与创新的必然结果，也是中国学者对经济学发展的贡献。分布学派作为一个新兴学术共同体，能够调动世界各国学者的积极性，共同推动学术发展与人类文明进步。

关键词：新分布主义　分布革命　分布经济学　分布学派

一、引言

当代经济学主流虽然仍然由美国和欧洲国家主导，但美欧国家主导经济学发展的能力显示出相对下降态势，以中国为代表的新兴大国学术界对当代经济学的影响则持续上升，当代经济学发展面临着诸多困境，需要从理论假设到研究范式进行革命性调整，才能够适应当代世界经济发展的需要并解决人类社会所面临的重大经济问题。经济学作为研究资源配置问题的社会科学，经历了不同的历史发展阶段，产生了不同的学术流派，英国古典政治经济学、法国重农学派、马克思主义经济学、边际学派、新古典经济学、凯恩斯主义经济学、芝加哥学派等是主要的学术流派。1776 年亚当·斯密（Adam Smith，1723～1790）出版了《国民财富性质及其原因的研究》（《国富论》），标志着经济学作为一门独立学科或者说独立的社会科学研究领域的诞生，经济学在研究议题、研究范式和研究方法方面经历了三次革命性演化。马克思所著《资本论》的出版（1867～1894）标志着马克思主义经济学的诞生，是经济学的第一次革命性演化（the 1st revolutionary evolution of economics，economics revolution Ⅰ），本文称为经济学的马克思主义革命（Marxist revolution of economics）。1870～1920 年间，以杰文斯为创始人的英国学派、以瓦尔拉斯为创始人的瑞士洛桑学派、以门格尔为主要代表的奥地利学派的诞生，把边际效用论、边际分析及数理分析方法引入经济学研究领域，是经济学的第二次革命演化（the 2nd revolutionary evolution of economics，economics revolution Ⅱ），称为经济学的边际主义革命（marginalist revolution of economics），简称经济学的边际革命（marginalist revolution or marginal revolution）。英国学者凯恩斯 1936 年出版的《就业、利息、货币通论》，标志着现代宏观经济学的诞生，是经济学的第三次革命性演化（the 3rd revolutionary evolution of economics，economics revolution Ⅲ），称为经济学的凯尔斯革命（Keynesian revolution of economics），简称经济学的凯恩斯革命（Keynesian revolution）。经济学历史上发生的三次革命性演化的根本原因在于：如何解释以英国、法国、德国、美国为代表的西方资本主义大国出现经济危机的原因？如何给出应对经济危机的解决方案？2008 年出现的国际金融危机以来，当代经济学面临着新的危机，最为典型的便是不能够回答"伊丽莎白二世之问"即"为什么经济学家们不能够预测 2008 年的国际金融危机"，也就是经济学为什么在预测国际金融危机时会失败。到 2019 年国际金融危机已经发生 11 年了，当代西方主流经济学仍然没有给出令人满意的答案，表明由西方国家主导的经济学主流存在着内在缺陷，需要进行革命性调整与创新，当代经济学需要从理论假设、研究范式、研究方法和研究议题进行基础性重构和理论创新，才能够适应时代变化并回答"伊丽莎白二世之问"。本文认为，以分布人性论为假设和逻辑起点、引入概率分布及概率论方法、充分利用现代科学技术特别是大数据科学及人工智能方法的新分布主义（new distributionalism）研究范式，能够推动当代经济学的革命性演化和创新，本文称为经济学的第四次革命性演化（the 4th revolutionary evolution of economics，economics revolution Ⅳ），也就是经济学的新分布主义革命（new distributionalism revolution of economics），简称经济学的分布革命（distributional revolution），据此可以构建和发展的新的经济学理论体系，本文称为分布经济学（distributional economics），由此形成的经济学研究学术共同体可以称为经济学的分布学派（distributional school）。因此，探讨当代主流经济学的假设缺陷、研究范式的革命性变化及新学派的产生不仅具有理论价值，而且具有实践意义。

二、当代经济学主流理论的假设缺陷与伦理困境

当代主流经济学为西方学术界主导，存在诸多缺陷和不足，面临诸多自身难以克服的问题。当代经济学的主流主要包括新古典经济学和凯恩斯主义经济学，二者之间虽然存在着长期的矛盾和论争，但也存在共同的缺陷和不足，同时也面临着相同或者相似的问题。当代经济学的主要缺陷表现在：

其一，理性人假设（经济人假设）的逻辑缺陷。无论是新古典经济学还是凯恩斯主义经济学，“经济人”假设都是理论建构的逻辑起点，具有完全理性则是“经济人”假设的核心条件，“经济人”也必然是“理性人”。事实上，无论是人类个体还是群体，完全理性的假设条件都非常苛刻，一般需要满足三个条件：一是具有

完全的判断能力，也就是满足完备性假设条件；二是保持逻辑思维一致性能力，也就是传递性假设；三是完全认识自身利益并追求自身利益最大化的能力，也就是非满足性假设。需要达到八个条件，人类个体或者群体需要具备五方面的特征：一是拥有充分且完全信息；二是具有完全的认知能力；三是完全的逻辑推理能力；四是完全的计算能力；五是完全的决策和选择能力；六是完全预测或者完全预期能力；七是完全行动能力；八是完全不犯错误的能力。可以用表 1 描述。

表 1　　理性人假设（经济人假设）特征及条件

假设条件	编号	表现维度	条件	说明
完备性假设（Completeness Hypothesis）	1	完全判断事物能力	a. 完全信息 b. 完全认知 c. 完全计算 d. 完全比较 e. 完全无误	人类个体或者群体具有完全的认知、评估与判断能力
	2	完全评价事物能力		
	3	完全比较事物能力		
传递性假设（Transitivity Hypothesis）	4	完全逻辑比较能力	a. 正确思维 b. 正确推理 c. 正确逻辑 d. 稳定可靠	人类个体或者群体具有完全的逻辑推理和保持思维一致性的能力
	5	完全逻辑推理能力		
	6	完全逻辑一致能力		
局部非满足性假设（Local Nonsatiation hypothesis）	7	完全利益认知能力	a. 正确利益认知 b. 正确利益计算 c. 正确利益追求 d. 无限利益追求	人类个体或者群体具有完全的认识、计算、追求自身无限利益最大化的能力
	8	完全利益计算能力		
	9	完全利益追求能力		
	10	完全利益不满能力		

从表1可以看出，现实社会活动中，任何人类个体或者群体要同时满足理性人假设的不同维度和不同条件的要求，存在可能性，但不可能百分之百发生，也就是说完全理性人假设之能够描述人类行为的某些特殊情境，不可能描述人类行为的所有情境，人类个体或者群体即存在全部满足、部分满足、完全不满足理性的三个假设条件的多种可能性，存在着完全理性（complete rationality）、有限理性（boundary rationality）、零理性（zero rationality）、有限非理性（boundary irrationality）、完全非理性（complete irrationality）甚至反理性（anti-rationality）等多种情境。人类个体或者群体的理性不是固定不变的，完全理性、有限理性、零理性、有限非理性、完全非理性及反理性只是人类理性的表现类型，人类理性行为表现出概率分布特征，本文称为分布理性（distributional rationality），也就是人类社会行为表现出分布理性特征即人类具有分布理性行为特征。很显然，以理性人假设作为基本理论假设的当代经济学的各种理论流派都不同程度存在理论假设不能够完全与准确反映人类真实经济活动全部行为特征，存在着部分甚至完全脱离人类经济活动实际的情况。当代西方主流经济学的经济人或者理性人假设的片面性，导致现代西方主流经济学理论存在多方面的缺陷和不足：第一，不能够完全解释消费者行为的多样性、可变性与消费均衡的多重性问题；第二，不能够解释厂商行为的多样性、可变性与生产者均衡的多重性问题；第三，不能够解释为何消费者会偏离消费均衡状态，为何厂商会偏离生产者均衡状态；第四，不能够解释为何会产品市场与要素市场的多重均衡状态，为何会出现市场失灵（market failure)；第五，不能够解释为何会出现理性人的理性预期失败，为何理性的厂商也会经营失败；第六，不能够解释为什么政府制定的宏观政策有时候有效，有时候者会失败；第七，不能够解释为什么消费者的偏好为什么会改变，消费者均衡为什么有时期能够实现，有时候不能够实现；第八，不能够解释市场有效性和市场失灵会同时存在；第九，不能够解释同样在制度安排，有时候有效，有时候失效，为什么存在制度变迁和制度创新；第十，不能够解释同样的宏观调控政策，在同一国家的不同历史阶段、同一历史阶段的不同国家为何效果不同。可以用图 1 描述。

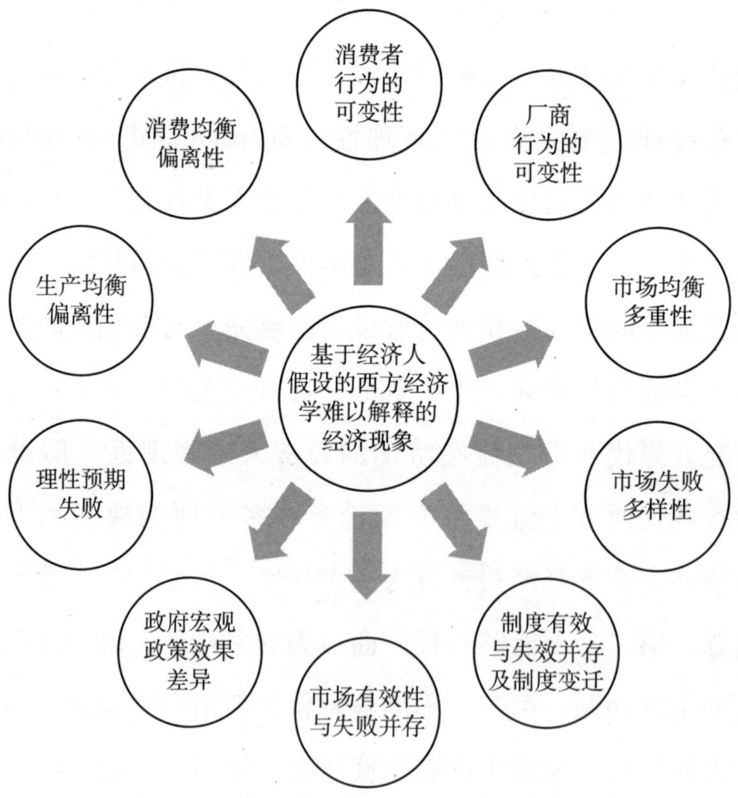

图 1　基于经济人假设的西方主流经济学不能够解释的经济现象

从图 1 可以看出，基于经济人假设的当代西方主流经济学，无论是新古典主义的微观经济学理论，还是凯恩斯主义的宏观经济学理论，或者新古典主义的宏观经济学理论，都能够有效接受现实经济社会中的消费者行为与生产者行为的均衡与非均衡同时存在，市场均衡多重性、市场有效性与市场失败同时存在，政府宏观政策的有效性与失败同时存在等经济现象，根本原因在于经济人假设特别是理性人假设的局限性。要提高当代西方主流经济学的理论解释力，需要对经济人假设特别是理性人假设进行革命性修改和完善。

其二，忽略德性（道德性）及伦理因素对人类经济活动的影响。德性及伦理因素是影响人类个体和群体的经济行为的重要因素，道德和正义（道义）是衡量人类行为的重要伦理指标，善良、邪恶、利他、贪婪等是主要的分析维度。关于人类个体和群体的德性（道德性）的理论及观点，存在着不同的认识，以孟子为代表的性善论者认为人性本质是善良的，以荀子为代表的性恶论者认为人本质是邪恶的，以告子为代表的德性自然论者认为人性善恶像流水一样自然，不存在天生的善与恶，人的善恶是自然形成的。也有观点认为人的善恶是中性的，也就是说人的德性对其社会行为特别是经济行为的影响是中性的，本文称为德性中性论。在西方政治学界特别是国际关系理论学界，也存在着对人类德性的不同看法，例如现实主义国际关系理论以人性恶为理论假设前提，自由主义或者理想主义国际关系理论则以人性善为理论假设前提。马克思在分析资本主义社会中剩余价值的形成时指出资本家在追求剩余价值最大化时的“贪婪性”，表明马克思主义经济学同时强调理性和德性对人类经济活动的影响。当代西方主流经济学忽略了人类德性对人类个体和群体经济行为的影响，经济人假设并不考虑人的道德性，把经济人视为道德中性的，也就是经济人没有善恶标准。当然，在西方主流经济学文献中，经济人在追求自身利益最大化时不会考虑损人利己或者损人不利己问题，当然利己不损人往往被默认为经济人行为的道德底线。从人类行为表现极其后果可以推断人类的德性及伦理意识的某些特征，例如经常做坏事、损害他人利益、破坏社会公序良俗的个人或者群体被大多数人类社会成员视为坏人、恶人的可能性最大，经常做好事、帮助他人或者促进社会福利增加、维护他人利益和社会公序良俗的个人或者群体被人类社会大多数社会成员视为好人、善人的可能性最大。事实上，人类个体或者群体的社会行为特别是经济行为是存在着善恶之别的，国际社会中是存在好人和坏人、善人和恶人之别的，例如第二次世界大战发起者希特勒及其纳粹分子、入侵中国的日本军国主义及法西斯分子便是坏人和恶人，那些为人类和平与文明进步做出贡献的人便是好人和善人，但好人与坏人、善人与恶人的区别并不是固定不变的，好人可能犯错误而做坏事，坏人存在恻隐之心而可能做好事，人类个体或者群体的善与恶、好与坏不是固定不变的，而是表现出一定的概率分布特征，本文称为分布德性（distributional morality）。可以用图 2 描述性善论、性恶论、自然德性论和分布德性论之间的关系。

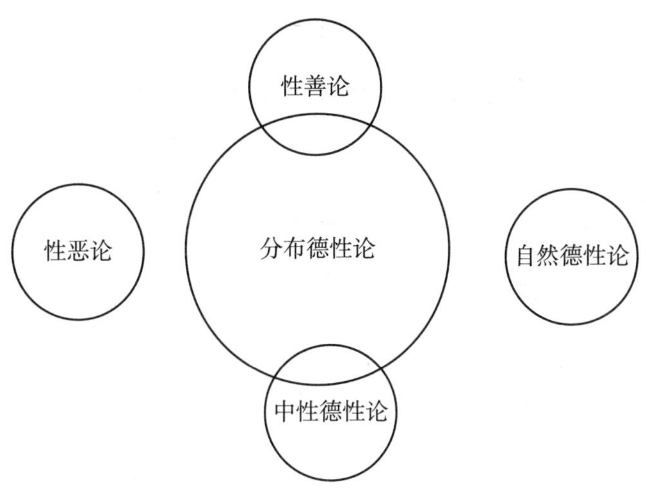

图 2　性善论、性恶论、自然德性论、中性德性论与分布德性论之间的关系

从图 2 可以看出，分布德性论认为人的善恶德性表现出概率分布特征，人类个体或者群体的善恶德性是按照一定的概率分布的，性善论、性恶论、自然德性论、中性德性论只是人类个体或者群体善恶德性概率分布的不同表现类型，可以通过设置人类德性系数的方法对不同类型的人类德性表现类型进行界定、比较和分析评论。当代西方主流经济学忽略人类个体与群体的德性及伦理因素对人类经济行为的影响，导致当代西方主流经济学理论对诸多经济现象缺乏解释力，表现在五个方面：一是为何经济学家不能够充分预测对金融危机的发生特别是国际金融危机的发生，最为典型的便是英国女王“伊丽莎白二世之问”，即为什么经济学家不能够准确预测到 2008 年的国际金融危机？一个重要原因在于当代西方主流经济学特别是主流金融学理论中缺乏对人类个体或者群体的德性及伦理因素的关注，忽略了以华尔街银行家为代表的金融资本家特别是跨国金融资本家“贪婪性”的德性及伦理观对国际金融市场的影响。

二是为何国际社会中存在某些大国和强国通过战争、霸权威胁和入侵等手段谋求自身贸易及经济利益的最大化，为何有的西方大国和强国会通过战争手段谋求自身经济利益的最大化而考虑国际公平正义？最为典型的便是工业革命以来，以英国、美国及其其他欧洲列强对广大殖民地国家的大规模贸易掠夺和经济控制，八国联军入侵中国获得巨额战争赔款，这些都是现有西方主流经济学理论难以完全解释清楚的。三是为何大国之间会发生贸易战？为什么以美国为代表的西方大国在自己的产品具有竞争力时主张自由贸易，当本国比较优势丧失、产品及产业的国际竞争力下降时便采取贸易保护主义政策？最为典型的便是美国特朗普政府执政以来，以“美国优先”“美国再次伟大”“美国吃亏”为借口，发动以中国为主要打击对象的全球贸易战，采取保护主义、霸权主义、单边主义、民粹主义和政治保守主义破坏国际自由贸易秩序和全球经济运行秩序，现存西方主流经济学理论特别是主流贸易理论也不能够给出合理的解释。四是为何国际市场上存在着少数跨国公司的市场垄断并谋求超级垄断利润现象？最为典型的便是美国的一些跨国公司未来谋求对全球市场的绝对垄断，会借助本国政府力量特别是司法力量搞“长臂管辖”打击竞争对手以谋求不当超额垄断利润。例如，2018年美国通过盟友加拿大非法抓捕和扣押中国高技术企业高管，2019年通过宣布国家紧急状态以动员国家行政力量打压中国的高科技企业华为公司，现有西方主流经济学难以提供令人满意的理论解释。五是为什么会存在地下经济活动，为什么人口贩卖、毒品走私、非法移民、贪污腐败、洗钱、犯罪等活动威胁到各国乃至整个国际社会的共同利益，但仍然有犯罪分子铤而走险，有的西方国家仍然对跨国犯罪活动采取双重或者多重标准，甚至通过破坏与抹黑竞争对手国的方式谋求非法的不正当贸易与经济利益，西方主流经济理论对此也缺乏令人满意的理论解释。可以用图 3 总结。

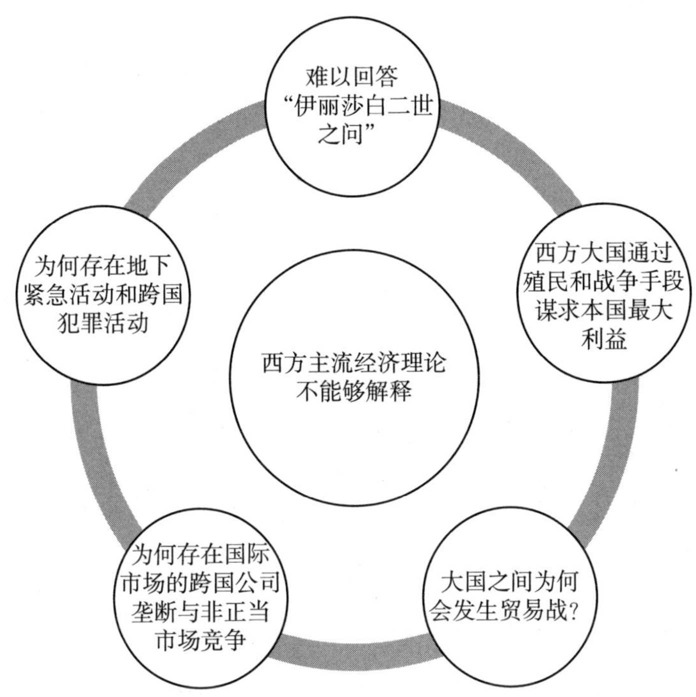

图 3　德性及伦理因素与西方主流经济理论的缺陷

从图 3 可以看出，忽略人类个体及群体的道德及伦理因素对人类社会经济活动的影响是当代西方主流经济理论难以解释相关经济现象的根本原因。如何把德性及伦理因素纳入西方主流经济学理论的分析框架是学术界面临的共同问题，也是推动当代经济学理论进行革命性创新的关键。

三、当代主流经济学的方法论缺陷与能力研究缺失

当代主流经济学特别是西方主流经济学在研究方法方面存在局限性即存在方法论缺陷，表现为微观经济研究中边际方法、均衡方法及最优化方法的抽象性、极端性及内在逻辑缺陷，同时对人类经济活动中的能力形成、演化及影响效应的研究有所忽略及经济行为主体能力研究缺失。

首先，微观经济分析中最优化、边际分析与均衡分析的内在逻辑缺陷。经济行为主体的最优化均衡追求和边际主义分析方法是当代西方主流经济学进行理论分析与实证研究的逻辑基础。当代西方主流经济学把消费者均衡、厂商均衡和市场均衡作为经济分析的逻辑起点，认为消费者追求效用最大化的消费者均衡实现、厂商追求利润最大化的生产者均衡实现是分析微观经济活动的出发点和目标，在边际效用递减条件下消费者的边际效用为零时消费者均衡实现，在边际报酬递减条件下当厂商的边际报酬为零时生产者均衡实现。事实上，消费者效用最大化实现只是消费者在确定性条件下进行消费活动的追求目标之一，无论是确定性条件还是不确定性条件下，预期消费目标实现概率的最大化应该是一般化目标，预期消费目标可以包括预期消费效用的最大化、预期消费成本的最小化、预期消费风险的最小化、预期消费偏好的最大化满足、预期消费行为最优化、预期消费选择的合理化、预期消费决策的合规化等，也就是说西方主流经济学视野中的消费者效用最大化实现的消费者均衡只是消费者预期消费目标实现概率的最大化的特殊表现类型，并不

代表消费者行为分析的全部，这是当代西方主流经济学在消费者行为分析方面存在的缺陷和不足。另外，追求最大化利润实现的生产者均衡也只是厂商在确定性条件下从事生产活动所追求目标之一，并不是全部或者唯一目标。预期生产目标实现概率的最大化应该是企业从事生产活动追求的一般化目标。预期生产目标包括多方面的内容，主要包括预期利润目标实现概率的最大化、预期成本最小化目标实现概率的最大化、预期风险控制目标实现概率的最大化、生产行为的合理化和合规化目标的最大化概率实现。

事实上，无论是产品市场还是生产要素市场都存在多重均衡的可能性，计算或寻求单一商品市场或者单一要素市场的局部均衡价格、多重商品或者多重要素市场的一般均衡价格是西方主流经济学微观经济分析的逻辑起点，瓦尔拉斯—迪布鲁（Walras - Debreu Economy）一般均衡被视为理想经济状态，证明和解释一般均衡的存在性、唯一性和有效性成为新古典微观经济学的重要内容，但与真实的市场经济活动存在着显著的差距。表现在两个方面：一是单一市场中局部均衡具有多重性，表现为多重存在性、多重有效性、多重稳定性，取决于需要者预期目标与供给者预期目标的匹配程度及其变化，单一市场供求相等只是局部均衡实现的表现类型，还存在着需求者预期目标与供给者预期目标相互匹配实现概率的最大化的多种表现形式，例如需求者预期目标实现最大化概率分布与供给者预期目标实现最大化概率分布不相互冲突，本文称为单一市场局部均衡概率分布目标实现；二是多重产品—要素市场一般均衡具有多重性，表现为多重实现性、多重有效性和多重稳定性，虽然瓦尔拉斯通过拍卖人的讨价还价机制能够找到一组均衡价格进而论证和解释一遍均衡的存在性，但不能够证明一遍均衡的唯一性和稳定性，也不能够证明一遍均衡的唯一有效性，因为在一个有多个需要者、多个供给者、多种产品与要素的复杂市场体系中，产品与要素的需求者的预期目标不是固定不变，表现出动态匹配动态演化特征，不同的动态匹配与不同的动态演化表现为产品与要素需求者的多重需求均衡特征，同样，无论是产品的供给者还是要素的供给者的预期目标也表现出动态匹配性和动态演化性特征，供给活动的不同动态匹配和不同动态演化表现为供给者供给行为预期目标实现的不同均衡状态，也就是市场供给表现为多重动态均衡状态。可以把当代西方主流经济学的微观分析的逻辑缺陷和不足用表 2 总结。

从表 2 可以看出，当代西方主流经济学的微观经济行为分析存在的主要逻辑缺陷表现为忽略了消费者的需求行为目标与生产者的供给行为目标的预期性、可变性、差异性、匹配性、动态演化性及其概率分布特征。

其次，缺乏对人类能力及能力特性的经济影响分析。本文的能力（capacity）是指人类个体或者人类群体完成既定或者预期工作目标的智力和体能的统称，能力特性简称为能力性或者能性（capacity properties，CP），是指人类个体或者群体的能力表现极其类型。人类个体和群体在实现既定目标或者预期目标时存在着能力差异，不同人类个体和群体的能力不仅具有差异性，而且是可变的，同时具有一定的概率分布特征。当代西方主流经济学忽略了人类个

表 2　西方经济学微观经济分析的缺陷和不足

	编号	边际—均衡分析	均衡状态	真实经济活动
消费者行为分析	1	消费者边际效用递减规律	消费者均衡实现：边际效用为零	消费者预期消费目标实现概率分布差异及目标概率
生产者行为分析	2	生产者边际产出递减规律	生产者均衡实现：边际产出为零	生产者预期生产目标实现概率分布差异与目标概率
单一市场分析	3	单一产品市场边际—均衡分析	单一产品市场均衡	单一产品市场多重分布均衡
	4	单一要素市场边际—均衡分析	单一要素市场均衡	单一要素市场多重分布均衡
多重市场分析	5	多重产品市场供给边际—均衡分析	多重产品市场供给单一均衡	多重产品市场供给多重分布均衡
	6	多重要素市场需求边际—均衡分析	多重要素市场需求单一均衡	多重要素市场需求多重分布均衡
	7	多重产品市场供给边际—均衡分析	多重产品市场供给单一均衡	多重产品市场供给多重分布均衡
	8	多重要素市场供给边际—均衡分析	多重要素市场供给单一均衡	多重要素市场供给多重分布均衡
	9	多重产品—要素市场供求边际—均衡分析	多重产品—要素市场供求单一均衡	多重产品—要素市场供求多重分布均衡

体及群体在经济活动中实现既定或者预期目标的能力差异，也就是忽略了能力的经济影响。人类个体能力不仅表现出不同个体的差异性，同一个体在不同的生命周期也表现出差异性。当人类个体能够完全完成既定或者预期工作目标，则可以称该人类个体具有完全能力特性，本文简称为完全能力（complete capacity）；如果不能够完成既定或者预期工作目标，则称该人类个体具有不完全能力特征，本文简称不完全能力（incomplete capacity）；介于完全能力与不完全能力之间，只能够部分完全既定或者预期工作目标的人类个体，本文称该人类个体具有有限能力（boundary capacity）。如果人类个体不仅不能够完全既定或者预定工作目标，还成为阻碍完成既定或者预期工作目标的力量，则称该人类个体具有非能力（non-capacity）或者反能力特征（anti-capacity），根据阻碍既定或者预期工作目标实现的程度差异，可以把人类个体的非能力或者反能力区分为完全非能力或者完全反能力（complete non-capacity or complete anti-capacity）、有限非能力或者有限反能力（boundary non-capacity or boundary anti-capacity）、零非能力或者零反能力（zero non-capacity or zero anti-capacity）三种类型。完全非能力是指具有完全阻止既定或者预期工作目标实现的能力，零非能力是指完全不具有阻碍既定或者预期工作目标实现的能力，有限非能力这是介于完全非能力和零非能力之间的非能力类型。零非能力或者零反能力与零能力完全等价。同样，人类群体的能力是人类个体能力的群体化表现形式，人类群体能力并不人类个体能力的简单加总，是构成人类群体的诸多人类个体能力的群体化组织和整合的集体表现，人类群体能力也可以区分为完全能力、零能力、有限能力、完全非能力（完全反能力）、有限非能力（有限反能力）和零非能力（零反能力）。可以用图4总结人类个体的能力类型。

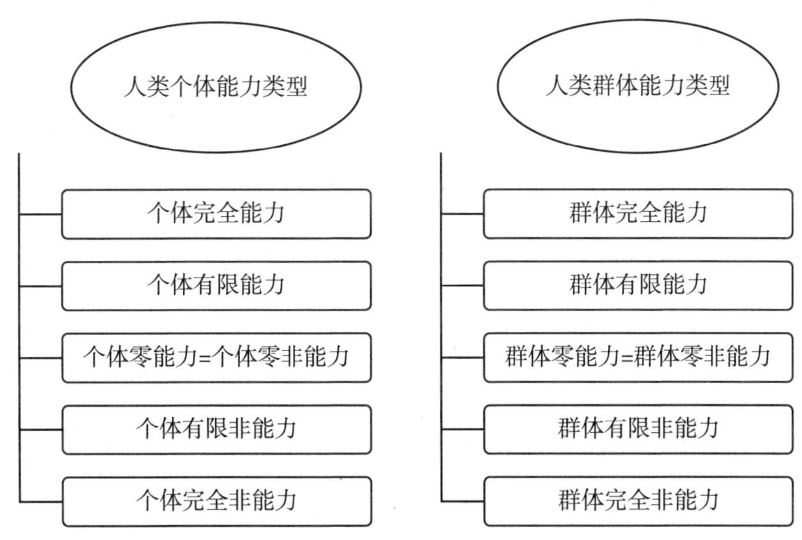

图4　人类个体与群体的能力类型比较

从图4可以看出，虽然可以把人类个体能力与人类群体能力进行相同的类型划分，但具有相同能力的人类个体共同构成的人类群体，如果组织和整合方式不同，则可能表现出不同的群体能力类型，个体能力的组织与整合方式成为个体能力转化为群体能力的重要影响因素。这就是为什么同样的生产要素禀赋，不同的企业组织方式会导致不同的经济活动绩效，同样国家的国民，在不同的制度安排下会表现出不同的经济发展模式和经济增长绩效。本文认为，无论是人类个体的能力还是人类群体的能力，都不是固定不变的，都表现出概率分布特征，也就是说无论的完全能力、有限能力、零能力还是完全非能力、有限非能力、零非能力都人类能力概率分布的特殊表现类型，人类能力是以一定的概率分布形式存在的，人类的能力特征表现为分布能力（distributional capacity，DC），本文把认为人类能力表现出概率分布特性的观点和主张统称为分布能力论（theory of distributional capacity）。

最后，需要指出的是，因为忽略人类个体与群体的能力在经济分析中的作用，使得当代西方主流经济学理论面临五个方面的困境：一是能力是劳动力的核心特征，而劳动力是最为重要的生产要素，缺乏对人的能力的分析，则不可能完整解释劳动力或者人力资源在资源配置中的内在作用机理，也无法完整解释人类微观经济活动的内生动力的差异性和动态演化性，建构的微观经济理论缺乏更为微观的能力基础；二是人类个体与群体的能力差异的不同国家或者经济体资源配置效率与经济增长差异的重要因素，离开能力及禀赋差异难于完全解释不同国家或者经济体经济增长与发展模式差异内在动因；三是人类个体与群体能力的时间分布差异与空间分布差异是导致同一国家或者经济体在不同的历史阶段、不同地区之间的资源配置与经济增长差异的重要原因，如果忽略此因素，则不可能完全解释同一国家或者经济体在不同历史阶段、不同经济区域的经济增长与发展模式差异；四是政府在制定公共政策特别是宏观经济政策时，除了本国居民的财富状况、消费偏好和经济行为外，还需要考虑本国居民的能力因素，同样的公共政策对不同能力的居民影响具有显著的差异，如果不考虑居民的能力特征及其概率分布，则政府公共政策目标设计、工具选择和落实措施都会出现偏差，但西方宏观经济学对此缺乏系统的理论研究；五是预期因素不仅是微观经济分析的重要因素，也是宏观经济研究的重要方面，但预期与能力紧密相关，能力强的个体或者群体的预期能力也相对较强，无论是适应性预期还是理性预期都需要以社会行为体的能力分析作为基础，并不是所有的人类个体与群体在所有的情境下都基本理性预期（rational expectation）的能力，但每个经济活动主体的预期表现为分布预期（distributional expectation）特征，本文中的分布预期是相当于适应性预期（adaptive expectation）和理性预期而言的，指人类个体或者群体的预期能力是按照一定的概率分布形式存在的，也就是说人类个体与群体的预期能力表现出概率分布特征，适应性预期、理性预期、非理性预期只是分布预期的表现类型，人类个体与群体的预期能力不是固定不变的，在不同的信息条件、不同的生命周期、不同情境下的预期能力表现出差异性及一定的概率分布特征。西方经济学对“能力”因素的忽略导致的经济学困境或者不足可以用图 5 描述。

从图 5 可以看出，能力分析在经济分析特别是微观经济分析中居于不可或缺的地位，缺乏能力分析的经济理论难于准确解释人类个体与群体经济活动的绩效差异，也难于准确解释不同国家或者经济体之间的经济增长差异与发展模式选择差异，同时也难于准确解释不同人类个体或者群体的预期差异。把能力因素纳入经济理论分析特别是微观经济理论分析视野之中是经济学完善与发展的方向。

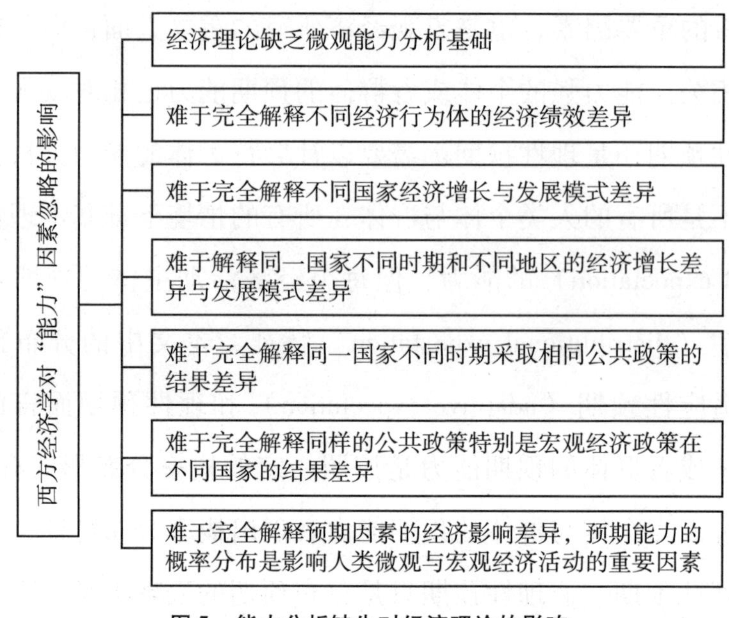

图 5　能力分析缺失对经济理论的影响

四、当代经济学研究中的教条主义、范式僵化与数据绑架

当代主流经济学还受到教条主义特别是西方新自由主义教条的影响，分析范式僵化，缺乏创新，在实证研究中的数据绑架和方法约束显著。如何突破教条主义、范式僵化与数据绑架，推动当代经济学的科学化与规范化研究，是学术界共同面临的任务。

第一，教条主义与经验实证主义约束。西方主流经济学作为人类共有和共享的学术成果，是对人类经济活动规律的阶段性和局部性总结，具有合理性和科学性的成分，但随着社会经济发展和时代变化，其缺陷和不足也逐渐显现出来。当代西方经济学无论是新古典经济学还是凯恩斯主义经济学，虽然彼此之间存在着学术论争，但也存在基本的共识，彼此都存在着不同类型的教条主义，同时也受到经验实证主义研究方法的约束，经济学研究受到模型约束和数据绑架，离开模型与数据的具有思想创新性的研究成果及其缺乏，最为典型便是以芝加哥学派为代表的新自由主义经济学及其意识形态表现——华盛顿共识，被以美国为代表的西方国家作为普世价值和意识形态工具在全球输出和传播，给全球经济发展带来一系列灾难性后果，最为典型的案例便是苏联及主要继承国俄罗斯在经济转型过程中采取“休克疗法”导致的经济衰退乃至崩溃，在新自由主义经济学影响下，美国放松金融监管特别是对金融衍生交易的监管导致2008年最早在美国出现并迅速影响全世界的国际金融危机、欧洲国家出现的主权债务危机、拉丁美洲国家出现的历次债务危机及经济危机，都是推行当代西方主流经济学的教条主义经济政策的结果。

第二，研究议题狭窄化与现实世界脱节。当代国际社会是一个多样化和多元性的复杂社会，存在着多种多样的社会经济现象与社会经济问题，需要经济学给出科学的理论解释和政策指导，但现存经济学却难以满足现实需要，一个重要原因在于当代西方主流经济学的研究议题越来越狭窄，越来越脱离当代国际社会经济活动实际，根本原因在于在当代国际社会中，以中国为代表的新兴经济体及广大发展中国家的经济发展，涌现出大量的新兴经济现象需要经济学给出理论解释，出现了一系列经济问题需要经济学给出答案和政策指导，但这些经济现象和经济问题并没有纳入西方主流经济学的研究视野，西方学者对新兴经济体和广大发展中国家社会经济现象的观察和思考不可能像新兴大国和广大发展中国家学者那样贴近现实，研究议题的狭窄化及与世界经济真实实践脱节便是必然的结果。

第三，西方中心主义与理论保守主义约束。现代经济学起源于西方社会，1776 年亚当·斯密（Adam Smith）《国富论》的出版代表着现代经济学的诞生，先后出现英国新古典经济学、法国重农学派、德国历史学派、边际学派或者数理学派（包括英国学派、奥地利学派和瑞士洛桑学派）、马歇尔新古典经济学、凯恩斯主义经济学、芝加哥学派和马克思主义经济学等重大学术流派，这些学术流派的起源和主要代表学者都出生或者生活在西方国家，除马克思主义经济学以外的其他学术流派不可避免地受到西方中心主义的影响，更为严重的是新自由主义经济学和凯恩斯主义经济学交替在西方国家居于主流地位，这两个学派的一些学术思想和政策主张特别是新自由主义经济学的一些学术思想和政策主张逐渐演化为人类教条，在西方学术界，一些相反或者对立的学术思想和政策主张特别是马克思主义经济学的学术思想和政策主张被视为异端或者激进思想，理论教条主义严重约束了西方主流经济学的发展和创新。

第四，缺乏前瞻性和预期性。经济学理论研究的根本目标是探讨人类社会经济活动的内在规律、解释社会经济现象产生的原因及影响、提供各种社会经济问题的答案、解决方案和政策建议，需要对各种现实经济问题进行前瞻性思考，同时还需要具有科学的预测新。随着全球化和区域一体化进程的不断提高，产品与要素跨国流动规模越来越大、流动速度越来越快，各国之间的贸易联系、产业分工、区域合作、投资与技术合作日益密切，全球化产业链体系、供应链体系与价值链体系日益形成，第四次工业及技术革命已经到来，大数据、以5G通信技术为代表的高速互联网技术、云技术、人工智能（AI）技术、区块链与数字货币技术的发展，给当代经济学提出了新的要求和新的问题，但当代西方主流经济学对当代国际社会发展出现的新技术、新问题缺乏有效的解释，也缺乏有效的预测。出现这种情况的原因：一是随着制造业特别是新兴制造业由欧美发达经济体向以中国为代表的新兴经济体和发展中国家转移，新兴经济体和发展中经济体已经逐渐成为全球产业链、供应链和价值链的新兴枢纽，欧美出现产业“空心化”现象，西方学者对非西方国家出现的产业发展特别是新兴产业发展及其相关经济现象缺乏身临其境的现实感受，便不可能进行理论研究；二是以中国为代表的新兴经济体成为新兴技术、前沿技术和先进产业的诞生地，如中国已经成为5G技术、量子通信技术、超级计算技术、高铁技术、人工智能技术的重要推动者与引领者，由此引发各种新兴经济活动和市场交易行为，西方学者缺乏现实感知，也不可能从经济学角度进行研究和解释；三是一些新兴经济现象并不最先出现在西方国家，西方学者难于把握这些新兴经济现象的发展趋势和内在演化规律，例如高速铁路而产生的高铁经济现象、城市群及生产要素聚集现象，移动支付替代现金现象，机器人替代工人现象，量子通信与量子计算导致新经济现象，高速互联网导致的新经济现象，这些经济现象最早出现在中国和新兴经济体，而不是美国和欧洲，西方学者对这些新经济现象进行系统研究缺乏地理和地缘优势；四是西方主流经济学的预测理论和方法存在局限性，经济人假设和理性预期作为当代西方主流经济学理论的主流观点和认知，具有狭隘性和特殊性，难于解释日益复杂的多样化经济现象，特别是大规模人群的市场交易和超级博弈现象，难以对复杂的国际经济现象进行合理解释和科学预期；五是主流经济学理论教条约束了理论创新和发展，西方主流经济学在国际学术界长期居于主流地位，西方学者的思想能够迅速传播到全世界，被普遍接受并成为各国决策层制定和实施相关经济政策的重要参考，西方学者特别是美国学者更容易获得国际学术界的影响力和话语权，导致西方学术界的故步自封和封闭保守，创新思想和创新意识呈现日益递减态势，难以吸收非西方国家学术界的有益思想，因为西方学术界长期居于国际学术的领导者地位，非西方国家学者长期居于国际学术的跟随者地位，使得西方主流经济学界的理论创新能力弱化且不愿意学习非西方学术界的思想和创新理论，由此形成理论教条并导致理论封闭和保守退步。

第五，模型绑架与数据绑架，与世界社会经济发展与经济活动的最新实践脱节。现代经济学之所以成为当代社会科学中的显学，一个重要原因在于经济学引入大量数学方法特别是数理及定量研究方法，使得其规范性、逻辑性、科学性和实证性更显著，这是经济学的天然学科优势，但随着数学方法、定量工具和数据分析技术的大量引入，出现了极端工具化和极端数据化现象，反而制约了当代经济学的发展和创新，已经出现经济学理论、实证及政策研究的模型绑架与数据绑架（data kidnapping and model kidnapping）现象，表现在五个方面：一是使用复杂模型解释简单经济常识问题，违背经济学的节约和精简原则，反而增加了经济学研究的工具成本，因为复杂性模型并不能够代替经济学的科学性研究；二是为工具而工具，经济学的本质是揭示经济规律、解释经济现象并给出经济问题的解决方案，数学及模型工具是为经济研究服务的，本身并不是目的，出现了为了使用数学工具或者显示数学工具的先进性、复杂性和科学性而进行经济研究的奇怪现象；三是为数据而数据，随着数据技术进步和数据资源可得性越来越强，为了充分利用数据资源而寻找经济学议题进行研究已经成为西方经济学的主流研究模式，不是因为研究议题的重要而是因为拥有数据需要进行经济学研究，如果没有数据资源可用，即使重要的研究议题也难于吸收大量的经济学研究者参与其中，出现了没有数据资源的经济研究乏人问津现象，导致缺乏数据资源的重要议题缺乏深入和系统研究的奇怪现象；四是工具的复杂性和数据规模性成为判断经济学研究成果的关键标准，忽略了经济学研究的思想新和理论创新性，因为工具的先进性、复杂性和数据规模性只是提供了更为有利的研究条件和便利性，但并不代表研究的科学性、客观性和创新性；五是因为经济研究的模型绑架和数据绑架，导致经济学基础理论研究的不足，原创性思想和创新性理论缺乏，经济学研究中的卓越学者、思想大师和原创学术流派甚少出现，特别是 21 世纪以来，没有出现过具有革命性影响的卓越的经济学大师和杰出学术流派。可见，在西方主流经济学体系内部，已经很难出现经济学理论研究的突破性和创新性变革，当代经济学的革命性变革需要包括非西方学者在内的国际学术界共同努力，持续推动经济学理论研究的变革和创新性发展。

概言之，当代西方主流经济学存在着研究逻辑缺陷、研究方法缺陷、研究议题缺陷、研究理论缺陷等多方面的缺陷和不足，主要表现在经济人假设或者理性人假设的苛刻性、非客观性和不完整性，人类个体与群体的道德特征（德性）和能力特征（能性）没有被纳入主流经济学的研究视野，教条主义与实证经验主义盛行导致的创新性不足和思想保守，研究议题越来越狭窄，经济学理论研究与真实世界经济活动脱节现象严重，西方中心主义与理论保守主义导致西方主流经济理论的狭隘化和区域化，难于解释和回答当代人类经济活动面临的各种全球性和世界性问题，研究缺乏前瞻性和预期性，难以引领世界经济的未来演化、发展和创新，数学工具绑架特别是模型工具绑架与数据绑架成为制约当代经济学创新的工具枷锁和数据枷锁。可见，当代西方主流经济学存在的缺陷和不足，仅仅依靠西方学术界自身的力量难于实现自我革新和革命性创新，需要国际经济学界共同努力，推动当代经济学理论研究的基础性和革命性创新，当代经济学理论研究需要一场新的革命，正如1867年出现的经济学的马克思主义革命（Marxist revolution of economics)、19世纪70年代至20世纪20年代出现的经济学的边际主义革命（Marginalism revolution of economics)、1936年出现的经济学的凯恩斯主义革命（Keynesian revolution of economics）一样，本文称为经济学的分布主义革命（Distributionalism revolution of economics)，本文把经济学的这四次革命分别简称为经济学的马克思主义革命（Marx revolution of economics)、边际革命（marginal revolution of economics)、凯恩斯革命（Keynes revolution in economics）和分布革命（distributional revolution of economics）。可以用图 6 总结当代西方主流经济学的缺陷和不足。

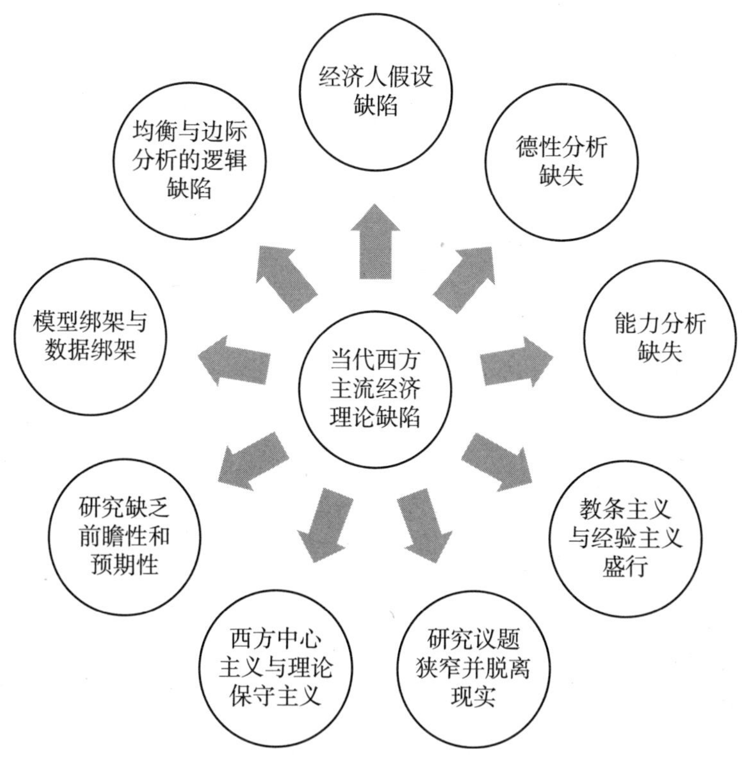

图 6　当代西方主流经济学理论研究的缺陷和不足

从图 6 可以看出，当代西方主流经济学理论研究存在诸多缺陷和不足，根本原因在于西方主流经济学越来越不适应当代世界经济发展中全球化和以中国为代表的新兴大国经济崛起所显示的人类经济活动的新现实、新现象、新规律和新问题，需要进行革命性变革，推动当代经济学的新发展与理论创新。

五、当代经济学的分布革命与分布经济学

如果当代经济学要在分析范式及研究方法方面取得突破性进展，则需要在研究范式及研究方法方面进行革命性调整和创新。把分布人性论和新分布主义分析范式引入当代经济学研究领域，能够从理论假设和逻辑结构方面拓展当代经济学的研究领域，而且能够推动当代经济学理论和方法论体系的革命性创新，构建新的经济学研究范式、理论结构和方法论，本文把该历史过程及其相关学术活动统称为经济学的新分布主义革命或者经济学的新分布革命，简称为经济学分布革命。本文中的经济学的分布革命是指在新时代背景下特别是第四次工业革命背景下，以分布人性论为逻辑起点，以新分布主义为分析范式，利用现代概率论及数据科学方法，以当代经济学基本理论和方法为基础，扩展并重构经济学的理论结构、理论体系及方法论基础的系统学术研究和创新活动的统称。本文认为，自从经济学成为一门独立学科和研究领域以来，先后出现过四次研究范式、理论结构及方法论的革命性变革，本文称为经济学的四次革命，分别为马克思主义革命、边际主义革命、凯恩斯主义革命和新分布主义革命。

本文把经济学的马克思主义革命称为经济学第一次理论革命，把经济学的边际主义革命简称为经济学的第二次革命，把经济学的凯恩斯主义革命称为经济学第三次革命。分布主义革命是经济学的第四次革命。经济学的四次革命，既是经济学理论的革命，也是经济学方法论的革命。

从上述可以看出，经济学理论发展与理论创新的过程也是一个

经济学不断革命和创新演化的过程，每一次经济学革命都从理论和方法推动着经济学发展。正在发生的经济学的分布革命，与其他几次经济学革命相比，具有相似的传承性，也有差异性。经济学的分布革命包括如下五个方面的内容：

第一，从分布人性论角度对经济学研究的理论假设和逻辑基础进行革命性的重构和创新。理论假设特别是对人的本性和行为方式本质特征的设定或者想象视角的假设可能，是经济学理论研究、实证考察和政策分析的基础前提和逻辑起点，不同的理论假设会导致经济学的不同研究范式、理论结构与方法论体系。因为人类社会活动特别是经济活动的复杂性，理论假设能够帮助人们认识人类社会或者特别是经济活动的本质特征和基本规律，同时排除非本质特征、次要因素、次要问题、表面现象或者错误信息的学术研究的干扰或者消极影响，抓主要问题、主要矛盾或者主要问题的主要方面、主要矛盾的主要方面，着力于探究人类社会活动特别是经济活动内在规律及演化逻辑。任何理论假设都是对人类现实社会活动特别是经济活动特征和规律的模拟描述。分布人性论作为经济学研究的新的理论假设，突破了传统经济学研究中的经济人或者理性人的狭隘限制，更为契合人的真实本性和本质特征，拓展了经济学研究的理论视野，对经济学研究的理论假设和逻辑基础进行革命性重构，表现在三个方面：一是从多维视角考察人的本性和本质特征，传统经济学主要从完全理性假设角度考察人的社会活动及其经济行为，分布人性论从理性、德性和能力角度考察人的社会行为及其经济活动，实现了从单一维度向三维度及多维度考察人的社会行为及其经济活动的方式转变，视野更为开阔；二是从动态视角考察人的本性与本质特征，传统经济学的经济人假设或者理性人假设对人本性的假定是静态的和固定不变的，但发布人假设则从动态角度分析人的本质特征和行为规律，用动态性替代静态性，人本性与本质特征的静态性假设只是动态性假设的特征状态或者说特殊表现类型；三是从概率分布角度考察人类经济活动的多样化、多元性与动态演化性，大多数人的社会活动方式是丰富多彩的，不是单一不变的，传统经济学忽略了人的社会活动的重复性、可变性和相关性，因为重复性便可以探讨其活动规律，因为可变性便需要分析其概率分布特征，因为相关性便需要分析其动态演化规律。分布人性论为经济学理论假设优化和扩展提供了理论前提和逻辑基础，此优化与扩展打破了传统经济学理论假设的教条限制，为经济学新理论构建提供了新的基础前提，对推动经济学理论创新具有革命性影响。

第二，从新分布主义角度对经济学研究的范式和逻辑结构进行革命性的重构和创新。新分布主义作为社会科学研究的新范式，打破了传统研究范式的简单性、封闭性和逻辑自循环性的局限性，从人类社会及经济活动的动态演化角度分析人类社会及经济或的内在规律和演化逻辑。人的社会活动尤其是经济活动是复杂的，受到多种自然因素和社会因素的影响和制约，表现出多维和动态演化特征，而各种自然因素之间、各种社会因素之间、自然因素与社会因素之间具有相互联系、相互影响的共时和历时动态演化特征，从时间维度表现为随机过程，在空间维度表现结构分布特征。因此，新分布主义分析范式的一个显著特点便是从概率分布及动态演化角度分析人类经济活动特征及演化规律，关注人类经济活动复杂性、关联性与动态演化背后的概率分布逻辑，突破了传统经济学中确定性条件下分析确定性经济活动的约束，把不确定性、多样性、多元化与概率分布演化性纳入经济学分析范式之中，强调研究方法的多样性和组合性，在吸收经济学传统研究方法的基础上，通过概率组合的方式综合运用多种研究方法推动经济学研究方法及范式创新。

第三，从概率分布及动态演化角度对经济学理论结构和理论体系进行革命性的重构和创新。经济学作为一门重要的社会科学门类，主要研究以稀缺资源配置为中心内容的人类经济活动规律，在发展演化过程中形成了不同的学术流派与众多研究分支领域，不同学术流派之间存在着学术观点、理论体系和方法论之间的差异乃至矛盾，不同学术流派之间存在着相互论争乃至相互排斥的现象。事实上，经济学不同流派之间存在着相互补充、相互借鉴、相互分工与相互合作之处，可以用概率分布与概率组合的方法把不同学术流派的共享学术思想纳入到一个开放性的分析框架或者理论体系之中，通过概率分布与概率组合工具把具有“局部均衡（partial equilibrium）”特征的理论流派及其理论观点纳入一个具有更一般特征的开放式的具有“一般均衡（general equilibrium）”理论结构或者理论体系之中，实现不同理论流派及学术观点之间的比较综合及一般化。最为典型例子，例如在经济学与政治学及国际关系理论的交叉研究领域——国际政治经济学，通过概率分布与概率组合方法把以“性善论”为理论假设前提的自由主义国际政治经济学理论（liberal international political economy，LIPE）与以“性恶论”

为理论假设前提的现实主义国际政治经济学理论（realistic international political economy，RIPE）融合到更具有一般性理论价值的“分布主义国际政治经济学（distributional international political economy，DIPE）”① 理论体系之中，使得自由主义国际政治经济学理论和现实主义国际政治经济学理论都转化为分布主义国际政治经济学理论的特殊表现分支。从概率组合、概率分布及其动态演化角度对不同学术流派及其理论观点进行比较综合基础上的创新性整合，据此构建更为一般、解释力更强的开放性理论体系，这是经济学分布革命的重要内容和特点。

第四，引入自然科学、社会科学及交叉学科的最新研究成果及方法特别是当代概率论、博弈论、数学和数据科学、认知与行为科学的最新成果对经济学研究的本体论和方法论进行革命性的重构和创新。经济学作为一门综合性社会科学研究领域，需要综合使用自然科学、社会科学及综合交叉学科的研究方法，才能够对复杂经济现象进行科学解释并对复杂经济问题给出合理的解答，仅仅依靠单一研究方法或者单一分析范式难于对复杂的经济现象及问题给出令

① 分布主义国际政治经济学（distributional international political economy，DIPE）为笔者提出的一个学术概念，是同新分布主义分析范式把自由主义国际政治经济学（liberal international political economy，LIPE）与现实主义国际政治经济学理论（realistic international political economy，RIPE）纳入到一个统一的理论分析框架之中，自由主义国际政治经济学与现实主义国际政治经济学则变成分布主义国际政治经济学的特殊表现类型，后者并不是前二者的简单相加，而是通过新分布主义分析范式纳入到一个具有内在逻辑一致性和自恰性的有机理论体系之中。

人信服的科学解释，需要各自研究方法分工合作与相关配合，而分布人性论和新分布主义分析范式则可以成为连接各种有效研究方法的纽带，也就是说利用概率分布及概率组合方法可以把自然科学、社会科学及交叉学科的研究方法整合为一个综合方法论体系，对复杂的经济现象及经济问题进行系统的理论研究、实证考察与政策分析。现代概率论及数理统计方法、大数据科学及计量分析方法、博弈论特别是超级博弈论（super game theory）①、现代心理学及认知科学、社会学科试验及行为科学、高速互联网及云计算技术、超级计算与量子计算技术、人工智能技术等当代最新、最前沿的自然科学、社会科学及交叉科学的研究方法都可以引入现代经济学研究领域，通过新分布主义范式及概率组合方法推动经济学的方法论创新，这便是经济学分布革命在方法论领域的表现。

第五，针对当代人类社会经济活动的新内容、新特征、新问题、新实践和新方法对经济学研究的学科结构和分支领域进行革命性的重构与重组。在新的历史背景下，人类个体及群体的经济活动中出现了新特征、新现象、新问题、新方法、新实践，需要经济学探究人类经济活动的新规律、新解释、新答案和新解决方案，经济学出现新研究分支和新的研究领域，如何对日益复杂的新兴经济现象和经济问题进行系统的理论解释，如何对日益多样化和专业化的

① 超级博弈论（super game theory）是笔者最早提出并发展的博弈论分支理论，系统分析超大规模或者不确定博弈参与人、无限博弈策略集、超长或者不确定性时间、超广或者不确定空间范围、不确定支付函数、不确定外生事变的概率分布条件下的博弈现象的博弈理论结构及方法。

经济学分支领域进行学科整合和体系重构以适应当代人类社会发展特别是经济发展的需要，是各国学术界共同面临的问题，中国作为新兴大国和有重要影响的国家，需要积极参与当代经济学理论体系与方法论体系的重构与创新之中，推动当代经济学的发展和创新。通过概率组织与概率分布及动态演化方法可以对当代经济学的学科结构和分支领域进行科学的重构与重组，推动当代经济学学科体系的革命性变革，这也是当代经济学分布革命的重要内容。在传统经济学基础上利用新分布主义范式进行重构与重组后的新兴经济学理论结构及体系，本文称为新分布主义经济学，简称为分布经济学。

可见，经济学分布革命既是经济学的理论假设及逻辑基础的革命性变革，也是经济学的理论结构与理论体系的革命性变革，还是经济学的方法论体系的革命性变革，涉及经济学研究领域与分支体系的革命性重构与重组，还涉及人类社会最新经济现象、经济问题、经济实践的最新理论解释和方案设计。可以用图 7 总结当代经济学分布革命的内容。

从图 7 可以看出，当代经济学的分布革命表现为当代经济学在五个维度的革命性变革：一是经济学理论假设及逻辑基础的革命性变革，核心内容为基于分布人性论的分布人假设替代基于传统人性论的经济学假设或者理性人假设；二是经济学分析范式的革命性变革，核心内容为新分布主义分析范式取代新古典主义分析范式，也可以简称为新分布范式取代新古典范式；三是经济学方法论的革命性变革，核心内容是综合研究方法的概率分布与概率组合论替代单一研究方法的均衡论及边际论；四经济学理论结构及逻辑体系的革

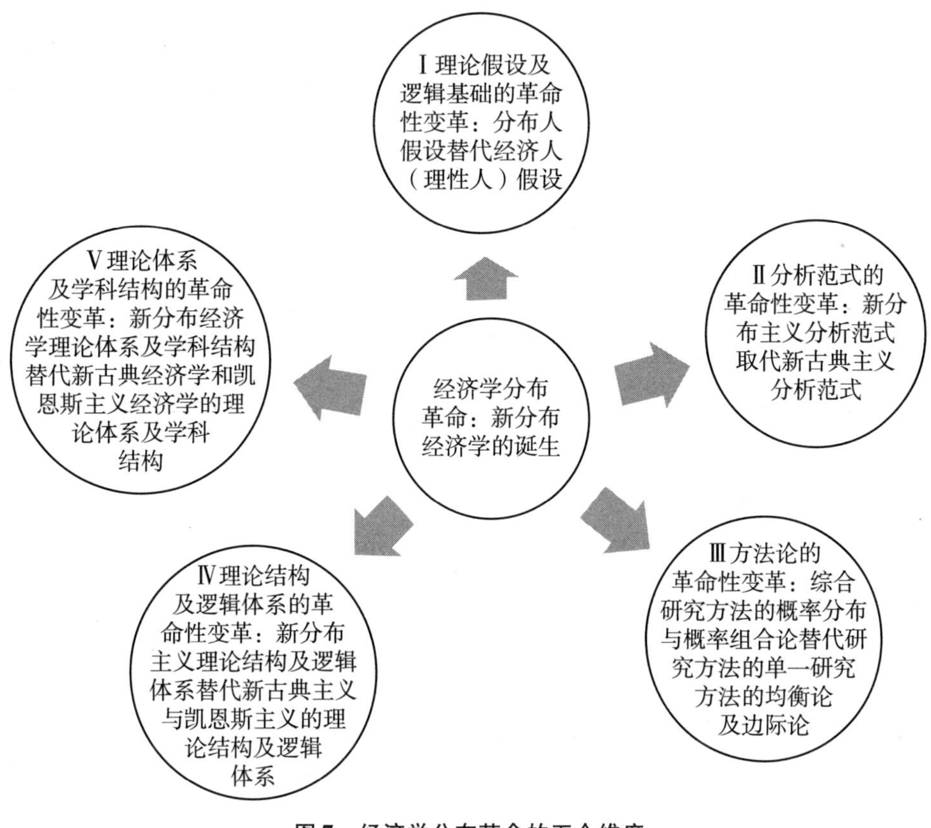

图7　经济学分布革命的五个维度

命性变革，核心内容是新分布主义理论结构及逻辑体系替代新古典主义和凯恩斯主义的理论结构及逻辑体系；五是经济学理论体系及学科结构的革命性变革，核心内容是新分布主义经济学理论体系替代新古典主义经济学和凯恩斯主义经济学的理论体系及学科结构。可见，当代经济学分布革命是指当代经济学在理论假设及逻辑基础、分析范式、方法论、理论结构及逻辑体系、理论体系及学科结构方面的革命性变革。当代经济学分布革命的最终结果便是新分布主义经济学的诞生，本文把新分布主义经济学简称为新分布经济学或者分布经济学①。概言之，经济学分布革命就是经济学的理论假设革命、分析范式革命、方法论革命、理论革命和学科革命，新分布经济学是经济学分布革命的理论结果或者说理论成就。

六、结论

当代经济学存在着诸多缺陷和不足，需要从研究假设、研究方法、理论基础和研究逻辑进行革命性变革，新分布主义分析范式引入经济学研究的过程也是一个经济学的新分布主义革命的过程，促进新分布经济学的形成、发展与创新，推动社会科学的新分布主义学派形成和发展。新分布主义、分布革命、新分布经济学与分布学派都是新历史条件下当代社会科学特别是经济学发展与演化的结果，标志着工业革命以来西方学术界主导和垄断国际社会的社会科学研究状态的改变和转型，以中国学者为代表的新兴大国和广大发展中国家的学者开创的社会科学分析范式、学术思想、学科领域和学术流派逐渐登上国际主流学术舞台的中心，能够为全人类的文明

① 此处使用新分布主义经济学或者新分布经济学概念，主要强调分布经济学产生的新时代背景、新理论假设、新分析范式、新方法论、新理论结构及逻辑体系、新理论体系及学科结构。在笔者提出新分布主义经济学以前，并不存在分布经济学概念，也就是说在新分布经济学之前不存在一个旧的或者传统的分布经济学，故新分布主义经济学也可以简称为新分布经济学或者分布经济学。为了研究方便，本文把古典经济学、新古典经济学、新古典宏观经济学、凯恩斯主义经济学统称为前分布经济学，把经济学理论发展区分为古典经济学时期、新古典经济学时期、凯恩斯经济学时期、新古典综合经济学时期和新分布经济学时期。

进步和社会发展做出不可或缺的重大贡献。社会科学的新分布主义分析范式以分布人性论为逻辑起点和理论解释，把现代统计学与概率论、大数据科学、计算科学特别是超级计算和云计算科学、高速移动互联网技术与人工智技术的最新成果应用于社会科学特别是经济学研究领域，通过概率分布与概率组合方法探讨人类个人及群体的社会活动规律，构建理论结构及体系对相关社会现实进行理论解释，正当各种社会问题提供相应的解决方案。当代经济学主流理论存在自身难于克服的系统性与非系统性逻辑缺陷和理论局限性，需要从新的新的视角和新的逻辑构建经济学的新的分析范式，分布人性论便是对主流经济学理论假设的扩展与创新，有利于弥补现有理论假设和逻辑基础的不足和局限性。当代西方主流经济学理论研究存在诸多缺陷和不足，根本原因在于西方主流经济学越来越不适应当代世界经济发展中全球化和以中国为代表的新兴大国经济崛起所显示的人类经济活动的新现实、新现象、新规律和新问题，需要进行革命性变革，推动当代经济学的新发展与理论创新。新分布经济学便是当代经济学演化、发展和创新的结果。

参考文献

［1］保建云：《国家类型、国际体系与全球公共治理——基于中国天下观理念的分布主义国际关系理论》，载《中国人民大学学报》2018 年第 4 期。

［2］保建云：《论当代经济学的分布革命：新分布主义、新分布经济学与分布学派》，第十届国际政治经济学论坛论文，2019 年 10 月。

[3] 保建云:《论分布主义国际关系理论》,第九届国际政治经济学论坛论文,2018年9月。

[4] 保建云:《论公共天下主义:概念体系与理论框架》,载《天府新论》2016年第5期。

[5] 保建云:《论公共天下主义与国际政治经济学理论建构》,第七届国际政治经济学论坛论文,2016年8月。

[6] 刘小燕:《微观经济学的基本假设、规律及其缺陷》,载《世界经济研究》1995年第2期。

[7] 宋丽丽:《现有人性假设理论的缺陷与东方人性假设理论构建的必要性》,载《上海管理科学》2011年第3期。

[8] 朱富强:《现代消费理论三大基本假设缺陷——兼评现代主流经济学的逻辑前》,载《东北财经大学学报》2018年第4期。

[9] Bao Jianyun, 2017: The Public Globalism and Global Public Monetary System, ANU - RUC Joint Conference, Canberra.

[10] Nicolai J. Foss, 2003: Bounded rationality in the economics of organization: Much cited and little used, Journal of Economic Psychology, Vol. 24, No. 2.

[11] Raj Aggarwal, 2014: Animal spirits in financial economics: A review of deviations from economic rationality, International Review of Financial Analysis, Vol. 32, No. 3.

[12] Tim Foxon, 2006: Bounded rationality and hierarchical complexity: Two paths from Simon to ecological and evolutionary economics, Ecological Complexity, Vol. 3, No. 4.

On the Hypothesis Defects of Contemporary Economics, Distributional Revolution and Distributional Economics

Bao Jianyun

Abstract: The mainstream theories of contemporary economics have systematic and non-systematic logical defects and theoretical limitations that are difficult to overcome. It is necessary to construct a new analytical paradigm of economics from new perspectives and new logic. The theory of distributional human nature is the expansion and innovation of the theoretical hypotheses of mainstream economics. The probability distribution and distribution evolution of human behaviors are the logical foundation and basic theoretical hypotheses of distributional economics. The theoretical system of distributional economics is complete and comprehensive, which represents the direction of the development and innovation of contemporary economics. It is the inevitable result of the evolution, development and innovation of economics under the new historical background, and it is also the contribution of Chinese scholars to the development of economics. As a new academic community, the distributional school can mobilize the enthusiasm of scholars from all over the world , and promote the academic development and the progress of human civilization.

Key words: New Distributionalism; Distributional Revolution; Distribution Economics; Distributional School

我国水电工程移民政策对农户福利水平的作用机理研究*

刘富华　梁　牧**

摘要：水电工程移民承担了工程建设的外部成本，因此正确评估水电工程移民政策对农户福利水平的影响，对促进水电工程的合理推进、地区可持续发展具有重要意义。本文根据对金沙江中游农户的实地调研数据，通过间接效用衡量农户家庭的福利水平，利用双重差分法评估了水电工程移民政策对农户家庭福利水平的净影响。研究结果表明：（1）水电工程移民政策导致了农户家庭的消费支出结构发生变化，因此农户的家庭福利水平发生了变化。（2）我们通

* 基金项目：国家自然科学基金项目“生计资本视角下西南地区水利水电建设工程移民收入变化机理研究”（71663059）。

** 刘富华，博士，云南财经大学教授，博士生导师，研究方向：经济增长、收入分配；梁牧，云南财经大学博士研究生，研究方向：收入分配、区域经济学。

过组内和组间差分，初步得到水电工程移民政策导致农户的家庭福利水平平均下降了15.74。(3) 通过双重差分模型，实证检验了水电工程移民政策确实对农户家庭福利水平产生了负向影响，其家庭相对福利水平最终下降了21.69。最后，根据研究结果，我们从完善移民补偿安置政策和加强对农户非农职业技能的培训两个方面提出对策建议。

关键词： 水电工程移民　间接效用函数　家庭福利水平　双重差分模型

一、引言

云南省地处中国西南，属山地高原地形，地跨独龙江、怒江、澜沧江、金沙江、元江、南盘江六大水系，独特的地势地貌形成了丰富的水利资源。近年来，云南省为充分利用水利资源、促进水利水电建设的持续发展，开始大力兴修水利水电工程，由此产生了大量工程移民。从本质上看，这种水电工程移民属被动性迁移，政府出于水利水电发展的需要，要求库区农户出让生产和生活土地，迁移至政府规划的安置区，而农户被动接受移民搬迁，承担了水利水电建设的部分外部成本。到目前为止，金沙江中游由于水利水电建设而产生的移民规模约为15万，占全省水电工程移民总数的30%。虽然政府根据《大中型水利水电工程建设征地补偿和移民安置条例》(国务院令第471号)、《云南省金沙江中游水电开发移民安置补偿补助意见》的规定，采用前期补偿、后期扶持和实行开发性移民的方式对移民进行补偿安置，但是其中近80%的移民农户仍然受搬迁影响而发生个体福利水平下降，甚至陷入贫困。究竟是水电工程移民政策本身的补偿效果较弱，还是在政策实施的过程中存在其他因素减弱了补偿效果？本文基于金沙江中游金安桥、龙开口、鲁地拉水电站的实地调研数据分析水电工程对移民福利水平的作用机理，选用双重差分模型来评估政策的实施效果，分析影响政策补偿效果的因素，为提高移民农户的福利水平提供指导。

国内外已有文献对水电工程移民的研究集中于水电工程搬迁对移民农户的生计资本、家庭收入、福利水平的影响。部分学者认为水电工程移民造成了农户生计资本受损，短期内仍然未能恢复农户的生产生活水平（Maldonado，2012；Verkuyten et al.，2018；陈绍军、施国庆，2003；杨云彦等，2008；樊启祥等，2014）。由于移民农户长期处于自给自足的生活状态，收入来源单一，水电工程移民搬迁造成农户的家庭收入水平发生较大幅度的下降，从而引发了工程移民的贫困问题（佘文学等，2000；严登才等，2011；王湛晨、刘富华，2018）。尽管政府根据现有的政策对农户进行了移民补偿，弥补了部分收入损失，但是短期内经济收入、社会保障、住房条件、生产条件和心理状况会发生改变，综合来看其福利水平必然下降（Rui，Sheng，2012；Tang，Liang，2013；Chen，Meng，2018；刘灵辉、陈银蓉，2013；孙海兵、赵旭，2017；王望珍、吴素红，2017）。相比而言，从福利的角度分析移民政策对农户的影响更为全面，农户的综合福利水平不仅包括生产和收入，还包括了住房、社保、心理等多个方面，因此研究农户移民前后的综合福利水平变化，对有效评估移民政策的效应具有重要意义。

综上所述，由于水电站建设，移民农户发生被动性迁移，其生产生活方式发生变化，生计资本受损，家庭收入水平出现不同程度的下降。政府通过前期补偿和后期扶持等方式对移民农户的损失进行补偿，但是这种补偿并不能够弥补农户的福利损失，也不能保障农户恢复原有的福利水平。因此，本文选择移民剩余来衡量农户的福利变化，探究水电工程对移民福利水平的作用机理。此外，本文通过构建双重差分模型检验移民搬迁的净效应，分析农户福利水平下降的影响因素，优化移民安置补偿政策，以期最大限度地发挥政策效应。

二、文献综述

随着水利水电工程的逐步推进，移民搬迁群体的规模不断扩大，对当前脱贫攻坚具有较大的威胁，迁移农户的福利水平变化已经成为地方政府关注的核心问题。为了维护移民合法权益，保障工程建设的顺利实施，避免工程移民农户陷入贫困，我们必须重视水利水电建设过程中的工程移民问题。

（一）水电工程移民问题的产生

国外研究表明，水利水电工程建设为经济发展做出了重大贡献，但同时形成的大规模群体性非自愿移民也同样困扰着世界各国的进一步发展。非自愿移民是指由于工程建设的需要，要求居民出让土地，而受到影响的居民没有权利拒绝土地征用，从而发生移民搬迁（IFC，2006）。非自愿迁移是一种被动式的迁移，它在某种程度上影响了迁移居民的生产和生活方式，形成了工程移民问题（Schmidt & Brockington，2007；Maldonado，2012）。由于水利水电工程建设而产生的非自愿移民承担了工程建设的外部成本，形成了较大的经济损失，改变了原有的生产和生活方式。因此，不仅要在收入方面进行补偿，还要重视移民生计资本的重建，避免移民陷入贫困，切实解决工程移民问题。

国内研究表明，为促进经济发展、合理配置水利资源，新中国成立以来，我国大力发展水电站建设，取得了防洪效益和供电收益，因此产生了大量的水利水电工程移民。在工程移民中仅有40%的移民农户得到安置，60%的移民农户需要后期扶持（贾晔、唐继锦，1995）。早期的工程移民缺乏科学的理论支撑和完善的移民安置政策，由此引发了一系列的工程移民问题（邵毅等，2014）。工程移民问题产生的原因主要表现在社会心态变化、搬迁损失和个体异质性三个方面（陆远权，2002）。水利资源开发离不开水利水电工程建设，受此影响库区农户发生被动性迁移，社会心态发生变化，生计资本和收入水平受损，个体能力参差不齐，部分农户陷入贫困问题，形成工程移民问题的重大隐患。

水利水电工程建设能够促进经济的发展，实现水利资源的有效配置，但是同时也产生了大规模的非自愿移民。移民农户在承担水电站建设的外部成本的同时，自身的生计资本遭到破坏，缺乏应对风险的能力与措施，因此容易陷入贫困，引发工程移民的一系列社会问题。

（二）水电工程移民的补偿政策

国外研究表明，世界银行移民政策旨在通过移民补偿使得非自愿移民在搬迁和安置后能尽快恢复到原来的收入水平和生活标准（World Bank，1990）。世界各国在遵循世界银行基本原则的基础上，根据本国国情，制定并实施相应的移民安置政策。美国西南部的工程移民根据迁移前后移民的规模、组织和条件可以划分为不同的类型，针对不同类型的移民设置不同的移民安置政策，有效地缓解了工程移民产生的社会矛盾（Jeffery，2019）。日本则重视与移民农户的参与协商，因地制宜，尽量满足移民的合理要求，妥善安置移民农户（段跃芳，2003）。在亚洲和非洲的发展中国家，水电工程移民导致农户自然资源的减少，对其生计资本产生了负面影响，各个国家通过移民安置和扶持政策帮助农户重建生计资本（Siciliano & Urban，2017）。发达国家在水利资源开发利用方面起步较早，因此关于水电工程移民补偿政策的制定和发展较为完善，为发展中国家的移民安置提供了借鉴和指导。

国内研究表明，我国的水电工程移民政策主要是对水利水电工程涉及的淹没土地、房屋、经济作物、学校、文化生活设施及其他与淹没直接有关的补偿政策（施国庆等，2009）。我国的移民补偿政策分为三个阶段：第一阶段是1950～1957年的“土地互换补偿”时期，即为探索阶段；第二阶段是1958～1985年的“集体补偿”时期，即为建立阶段；第三阶段是1986年至今的“开发性补偿”阶段，即为修订完善阶段（傅秀堂、李世荣，2007；李若瀚、甄璐，2013）。水电工程移民政策经历三个阶段，逐步完善，切实解决了部分移民补偿问题，但仍需从可持续发展的战略高度探索适合移民农户的政策，促进工程建设与移民发展的协调发展。

从水电工程移民政策的发展来看，工程移民农户确实得到了移民补偿用以构建生计资本和提高生产生活水平，政府确实解决了移民遗留问题和扶贫效率问题，但是移民补偿政策仍有进一步完善的空间，力求在公平补偿的基础上实现移民生产、生活的可持续发展。

（三）水电工程移民的福利水平

国外研究表明，随着水利水电工程的建设，世界各国的经济持续发展，但是由此产生的水电工程移民的生产生活水平受到较大的影响，存在潜在的移民贫困风险，部分农户的福利水平发生变化。由于移民政策的不完善，非洲工程移民的安置并不能满足移民农户的生产生活需求，移民后的农户福利水平出现大幅下降（Chris，1994）。印度尼西亚的工程移民农户严重依赖政府的移民补偿政策，缺乏重建生计资本的能力，福利水平难以恢复到移民前的水平（Russell & Jeremy，2007）。孟加拉国由于工程建设导致大量农户发生非自愿移民，调查数据显示，工程移民导致部分农户面临无土地、无住房、无社会保障的贫困风险，移民补偿政策不能弥补农户的生计损失，农户的福利水平短期内无法恢复（Kaida & Miah，2015）。受水电工程建设的影响，农户发生非自愿移民，短期内经济收入、社会保障、住房条件、生产条件和心理状况会发生改变，综合来看其福利水平必然下降。但是完善的移民补偿政策能够帮助农户重建生计资本，使其尽快适应安置区的生产生活环境，加快农户福利水平的恢复。

近年来，我国加紧推进水利水电工程建设，由此产生了大规模的工程移民，农户移民后的生产生活情况和福利水平的恢复引起了广泛的关注。移民补偿的安置政策不仅要考虑到农户的需求，还要通过构建合理的指标体系测度农户的绝对福利和相对福利，保障移民后的农户福利至少与移民前的福利持平（卫山、陈华龙，2004；王茂福、柯尊勇，2009）。水电工程移民使得农户在搬迁前后土地面积增减、土地质量变化与补偿标准高低三个方面发生变化，从而影响农户的福利水平变化（刘灵辉、陈银蓉，2013；孙海兵、赵旭，2017；王望珍、吴素红，2017）。水电工程移民在搬迁前后心理状况发生了较为明显的变化，这种主观变化直接反映了农户的福利水平变化，重视移民农户的适应过程才能充分实现补偿效果，达到经济福利的最大化（陈刚，2015；刘华蓉，2016；陈庭翰，2018）。合理划分水电工程的安置区和淹没区，移民农户的年纯收入指标表明不同农户的福利减损程度是不同的（陈银蓉等，2018）。基于不同的分析框架和测算方法，福利的损失主要表现在土地数量、经济收入、心理状况三个方面，福利的改善主要表现在居住条件、社会保障两个方面，移民农户的综合福利水平最终表现为下降。

国内外对于工程移民问题已经形成了较为完善的研究体系和研究思路，为本项目的开展提供了坚实的理论基础和科学的实证方法。但是在水电工程对农户福利影响方面的研究较少，因此为本文的进一步研究留下了空间。现有文献主要分析工程移民安置问题，梳理工程移民补偿政策，只有少部分文献利用微观数据研究水电工程对农户福利的影响程度。随着水电工程移民规模的不断壮大，移民补偿政策的不断完善，对移民农户的福利水平的研究逐步走向微观数据与政策效应评估相结合的定量分析，更加注重移民补偿政策对农户福利水平恢复的作用。

因此，本文基于移民消费选择模型重点分析水电工程对移民农户福利水平的作用机理。根据云南省水利水电建设的基本情况，我们选取金沙江中游的金安桥、龙开口、鲁地拉水电站建设所涉及的农户为调研重点，通过抽样调查选取部分移民农户作为被调研对象，获取农户的微观数据。此外，通过构建双重差分模型评估水电工程搬迁对移民农户的实际影响。

三、基于消费者选择理论的农户福利分析

提升福利水平是经济社会发展的最终目的（施炳展、张夏，2017）。无论是经济新常态下优化经济结构的供给侧改革，还是当前的“脱贫攻坚”“全面建成小康社会”，再到党的十九大报告提出的乡村振兴战略中农业农村农民问题都聚焦在如何改善农户的生计进而提升福利水平上。农户福利水平的提升离不开消费结构的优化，而商品的价格水平和农户的收入水平共同决定了农户的消费选择。基于效用理论的移民选择模型是研究移民农户行为的基础，对于衡量移民农户的福利水平具有重要作用。

（一）消费者选择理论

本文根据消费者选择理论模型的分析框架，发现移民农户的直接效用函数 u(x)，马歇尔需求函数 X(p，y)，间接效用函数 v(p，y)，希克斯需求函数 X^h(p，u)，支出函数 e(p，u) 五个函数之间具有密切联系。我们已知商品的价格指数 p，通过实地调查得到农户家庭的可支配收入 y，以及对每种商品的消费数量 x，由此可以估计出农户家庭的马歇尔需求函数 X(p，y)，同时根据谢泼德引理①和可积性定理②，可以推导出其直接效用函数 u(x)，由此得到农户家庭的间接效用函数 v(p，y)。根据尼基塔（Nicita，2009）和马钱德（Marchand，2012）的分析框架，间接效用函数 v(p，y) 可以测度农户家庭的福利水平。

本文在移民选择模型的分析框架下，分析移民的不同选择对其效用水平的影响，我们假定农户家庭的需求行为可以由如下函数表示：

$$x_i(p, y) = \frac{\alpha_i y}{p_i}, \quad i = 1, 2, 3, 4, 5 \tag{1}$$

---

① 谢泼德引理：在（p^0，u^0）处且 $P^0 \gg 0$，e(p，u) 关于 p 是可微的，并且

$$\frac{\partial e(p^0, u^0)}{\partial p_i} = x_i^h(p^0, u^0), \quad i = 1, \cdots, n$$

② 可积性定理：当且仅当一个连续可微函数 x：$\Re_{++}^{n+1} \to \Re_+^n$ 满足预算平衡性、对称性以及半负定时，则它是由某个递增、拟凹的效用函数所生成的需求函数。

其中，$\alpha_i > 0$，而且 $\alpha_1 + \alpha_2 + \alpha_3 + \alpha_4 + \alpha_5 = 1$。基于实地调研情况我们将农户的消费商品分为五类：$X_1$ 表示食品的消费数量，p_1 表示食品的价格；X_2 表示教育的消费数量，p_2 表示教育的价格；X_3 表示交通及通信的消费数量，p_3 表示交通及通信的价格；X_4 表示医疗保健的消费数量，p_4 表示医疗保健的价格；X_5 表示其他商品的消费数量，p_5 表示其他商品的价格。

由于该需求矩阵 $x(p, y)$ 满足预算平衡性、对称性和半负定，根据可积性定理，$x(p, y)$ 一定是由效用函数生成的。推导农户家庭的直接效用函数分为两个步骤：一是根据需求函数求解出农户家庭的支出函数；二是根据支出函数求解出农户家庭的直接效用函数。

对（1）式进行全微分，并且运用谢泼德引理，可得偏微分方程组：

$$\frac{\partial e(p, y)}{\partial p_i} = \frac{\alpha_i e(p, y)}{p_i}, \quad i = 1, 2, 3, 4, 5 \tag{2}$$

由（2）式的偏微分方程组解得：

$$\ln e(p, y) = \sum_{i=1}^{5} \alpha_i \ln p_i + c(u) \tag{3}$$

其中，$c(u)$ 表示任意关于 u 的严格递增函数。

因此，农户家庭的支出函数可以表示为：

$$e(p, u) = \prod_{i=1}^{5} p_i^{\alpha_i} \cdot u \tag{4}$$

农户家庭的直接效用函数可以用间接效用 v 表示，得到：

$$u = v(p, y) \tag{5}$$

（4）式可以改写为：

$$y = e(p, u) = \prod_{i=1}^{5} p_i^{\alpha_i} \cdot u \tag{6}$$

将（5）式带入（6）式可以得到：

$$v(p, y) = \prod_{i=1}^{5} p_i^{-\alpha_i} \cdot y \tag{7}$$

令 $\sum_{i=1}^{5} p_i x_i = y = 1$ ，因此得到：

$$v(p, y) = \prod_{i=1}^{5} p_i^{-\alpha_i}$$

$$\text{s. t.} \quad \sum_{i=1}^{5} p_i x_i = 1 \tag{8}$$

经过严格单调变换后得到：

$$\max \ln v(p, y) = \sum_{i=1}^{5} (-\alpha_i \ln p_i)$$

$$\text{s. t.} \sum_{i=1}^{5} p_i x_i = 1 \tag{9}$$

构造拉格朗日函数：

$$L = \sum_{i=1}^{5} (-\alpha_i \ln p_i) - \lambda(\sum_{i=1}^{5} p_i x_i) \tag{10}$$

因此，最小化条件为：

$$\frac{\partial L}{\partial p_i} = -\frac{\alpha_i}{p_i} - \lambda x_i = 0 \tag{11}$$

解得：

$$p_i = \frac{\alpha_i}{x_i} \tag{12}$$

将（12）式代入（4）式得到农户家庭的直接效用函数，得到：

$$u(x) = \prod_{i=1}^{5} \left(\frac{\alpha_i}{x_i}\right)^{-\alpha_i} = \prod_{i=1}^{5} \alpha_i^{-\alpha_i} \cdot \prod_{i=1}^{5} x_i^{\alpha_i} = A \prod_{i=1}^{5} x_i^{\alpha_i} \tag{13}$$

在（13）式中，$A=\sum_{i=1}^{5}\alpha_i^{-\alpha_i}$。

将（1）式代入到（13）式中，得到农户家庭的间接效用函数为：

$$v(p,\ y)=u(x(p,\ y))=\prod_{i=1}^{5}\left(\frac{\alpha_i y}{p_i}\right)^{\alpha_i} \tag{14}$$

根据尼基塔和马钱德的分析框架，间接效用函数 v(p，y) 可以表示农户家庭的福利水平。

（二）水电工程移民农户福利的变化

本文选取了金安桥、龙开口、鲁地拉水电站建设所涉及的农户进行实地调研，调查样本总数为 423，其中移民农户样本 215，非移民农户样本 208。根据样本数据，估计每种商品占农户家庭收入的比例，得到结果如表 1 所示。

表 1　　农户五种商品支出占家庭收入比例的估计结果

系数	移民农户		非移民农户		全样本
	2012 年（移民前）	2017 年（移民后）	2012 年（移民前）	2017 年（移民后）	
α_1	0.0983***	0.2856***	0.1150***	0.1037***	0.1599***
α_2	0.3238***	0.1662***	0.3415***	0.2964***	0.2639***
α_3	0.0693***	0.0270***	0.0568***	0.1098***	0.0740***
α_4	0.3870***	0.3275***	0.3537***	0.3690***	0.3578***
α_5	0.1216***	0.1937***	0.1330***	0.1211***	0.1445***

注：括号内为 t 统计量；***、**、* 分别表示在 1%、5%、10% 的水平上显著。

由表 1 可见，对于移民农户而言，发生移民搬迁前后的家庭支出结构发生了较大的变化。首先，农户家庭发生移民搬迁以前，食品支出比例仅为0.0983，移民搬迁以后，这一比例变为0.2856，发生了较大幅度的上升。原因在于移民搬迁后农户的土地数量骤降，原先自给自足的生产生活方式已经不再适用，农户对粮食、蔬菜、肉类等的需求完全依靠购买，这大大增加了农户生活成本。其次，农户家庭的教育的支出比例也发生较大幅度的变化，从0.3238下降至0.1662。一方面，经过5年大部分农户家庭的人口结构发生了变化，移民前大部分农户家庭的子女接受教育，因此农户家庭对教育的支出较多，但是移民后这些农户家庭的子女大部分都已经工作，此时农户家庭对教育的支出减少。另一方面，农村普遍对教育的重视程度较低，大部分农户家庭认为教育回报率低，他们更希望子女能够尽早出去打工以减轻家庭负担。再次，农户对交通及通信的支出比例由0.0693下降到了0.0270，这是由于农户的整体支出水平增加，但是对于交通及通信的实际支出水平变化不大。最后，农户家庭对医疗保健的支出比例由0.3870下降到0.3275，这是由于现有的移民补偿政策包括对移民农户医疗方面的保障，移民农户“看病贵”的问题有所改善。由此可知，水电工程移民搬迁确实影响了农户家庭的生产生活，为了应对实际问题，农户对家庭的支出结构做出了调整。

由表1可见，对于非移民农户而言，农户的家庭支出结构变化不大。无论是2012年还是2017年，非移民农户对食品的支出比例基本稳定在0.1，这一比例与移民农户移民前的食品支出比例基本一致。此外，农户家庭对教育的支出比例出现了小幅下降，对交通及通信的支出比例出现了较大幅度的上升，对医疗保健的支出比例变化不大。综合来看，非移民农户家庭的支出结构变化主要是受到时间的影响，这种影响较之移民搬迁而言，对农户家庭的支出结构影响不大。

总体来看，一方面，实地调研的数据是在2012年和2017年，时间间隔较长，因此受时间影响农户的支出结构会发生一定的变化，但是由前文分析可知这种变化并不是很明显。另一方面，2012年末的水电工程移民搬迁将样本分为移民和非移民，由前文分析可知，移民农户由于生产生活方式的变化，家庭支出结构同样发生了较为明显的变化。非移民农户在2012年和2017年的家庭支出结构与移民农户发生移民以前的家庭支出结构相似。当农户家庭的支出结构发生变化，直接影响 α_i 的变化，由（14）式可知，农户家庭的间接效用水平也发生了变化，最终农户的福利水平发生变化。我们初步认为影响农户福利水平变化的主要与水电工程移民搬迁有关，因此需要通过构建双重差分模型进行实证检验。

四、基于双重差分法分析移民农户的净福利变化

双重差分模型是计量经济学中较为经典的模型之一，它多用于对公共政策或项目试验效果的定量评估，该模型主要基于自然实验，通过建模有效控制研究对象的事前差异，从而分离出政策对作用对象的净影响。双重差分模型具有如下方面的优势：第一，双重差分模型可以很大程度上避免内生性问题的困扰：政策相对于微观经济主体而言一般是外生的，因而不存在逆向因果问题。此外，使

用固定效应估计一定程度上也缓解了遗漏变量偏误问题。第二，传统方法下评估政策效应，主要是通过设置一个政策发生与否的虚拟变量然后进行回归，相较而言，双重差分法的模型消除了所有不随时间变化的选择性偏差，能更加准确地估计出政策效应。第三，双重差分法的原理和模型设置简单，易于理解和运用。因此，本文选用双重差分模型来分析水电工程对移民农户福利变化的影响，即移民搬迁行为是否导致了农户家庭福利水平的变化。

（一）数据来源及说明

本文选取金沙江中游的金安桥、龙开口、鲁地拉三个水电站，以发放问卷和入户访谈的方式对相关农户的生产生活情况进行调研，获取微观数据。问卷共计发放 500 份，收回有效问卷 468 份，涉及移民总数为 1955 人。剔除掉异常观测值后，调查样本总数为 423，其中移民农户样本 215，非移民农户样本 208。

金安桥水电站位于丽江市，移民安置工作主要集中在古城区和永胜县 2 个县区，我们选取移民安置数量较多的涛源镇、朵美乡 2 个乡镇的 4 个自然村展开调研，得到有效样本 130，其中移民农户样本 63，非移民农户样本 67。龙开口水电站位于大理州，移民安置工作主要集中在鹤庆县，我们选取移民安置数量较多的龙开口镇和黄坪镇 2 个乡镇的 3 个自然村展开调研，得到有效样本 135，其中移民农户样本 70，非移民农户样本 65，其中。鲁地拉水电站位于大理州和丽江市交界，移民安置工作主要集中在大理州的宾川县和丽江市的永胜县 2 个县区，我们选取了移民安置数量较多的鸡足山镇、片角镇、涛源镇3个乡镇6个自然村展开调研，得到有效样本146，其中移民农户样本72，非移民农户样本74。

（二）设置实验组和对照组

由于水电站建设而发生被动性搬迁的农户统一设为实验组。根据设置对照组的原则，我们将居住在水电站附近未发生移民搬迁的农户统一设为控制组。为了尽量减少相关变量的影响，对于控制组的农户，我们尽量选取和实验组内其他特征（即除去是否移民这一特征以外的其他特征）相似的样本。

通过入户访谈、问卷调查的方式，我们共收集到样本423户，其中移民样本数量为215户，即实验组的农户数量；非移民样本数量为208户，即控制组的农户数量。

（三）变量选取

本文重点研究水电工程移民政策对农户福利水平的作用。此外，考虑到其他变量也可能会影响移民农户福利水平的变化，模型还引入了其他的控制变量，从而更为准确地评估水电工程移民政策的效应。

1. 被解释变量

由前文的分析可知，我们用农户家庭的间接效用函数度量农户的福利水平。因此，本文选用农户家庭的福利水平作为被解释变量（Y_{it}），其中，i表示第i个农户家庭，t表示时期。

通过计算移民前后农户家庭福利水平的组内差距和组间差距得

到表2。

表2　　农户家庭福利水平的差距

农户的食品支出	实验组	控制组	diff
2012年（移民前）	93.5580	60.0617	33.4963
2017年（移民后）	139.9169	122.1645	17.7524
diff	46.3589	62.1028	-15.7439

资料来源：实际调研数据。

根据表2的结果，移民前，实验组农户的家庭福利水平要高于控制组农户的家庭福利水平，二者的差距大约为33.4963；移民后，实验组农户的家庭福利水平则仍高于控制组农户的家庭福利水平，二者的差距大约为17.7524，但是这种差距相对于发生移民以前缩减明显。我们再进行移民前后的对比，最终差值为-15.7439，该值即为水电工程移民政策对农户家庭福利水平的净影响。

因此，从统计分析的角度上看，水电工程移民政策确实给金沙江中游的农户家庭福利水平带来了影响，这种影响表现为负向影响，即水电工程移民搬迁导致农户家庭福利水平发生加大幅度的下降。

2. 核心解释变量

本文以水电工程移民政策实施作为移民农户福利水平发生变化的外生冲击。具体而言，将水电工程移民政策作为一个虚拟变量（D_i），如果农户在2012年受到水电工程建设的影响从而发生移民搬迁，则赋值为1；如果农户在2012年未受到水电工程建设的影响从而未发生移民搬迁，则赋值为0。同时，将研究时期作为一个虚拟变量（T_i），如果农户的研究时期处于2017年（移民后），则赋值为1；如果农户的研究时期处于2012年（移民前），则赋值为0。二者的交互相表示为T_iD_i。

3. 控制变量

农户家庭的个体特征会影响农户的支出结构，使得农户家庭的间接效用水平发生变化，进而福利水平发生变化。根据陈银蓉、刘纯、甘臣林（2018）的研究，农户家庭的经济状况、社会保障、居住条件、生产条件和心理五个方面都会影响其福利水平。因此，本文选取存款数量（Z_{1i}）、补贴数量（Z_{2i}）①、人均居住面积（Z_{3i}）、非农就业机会（Z_{4i}）、生活满意度（Z_{5i}）五个指标作为模型的控制变量，依次衡量农户家庭在上述的五个方面的差异。其中，非农就业机会Z_{4i}为虚拟变量，当$Z_{4i}=1$时表示非农就业机会增加，当$Z_{4i}=0$时，表示其他情况；生活满意度Z_{5i}变量通过数值衡量，$Z_{5i}=4$表示非常满意，$Z_{5i}=3$表示满意，$Z_{5i}=2$表示一般，$Z_{5i}=1$表示不满意。

（四）双重差分模型构建

根据双重差分的基本设计方法，构建以下基准的回归方程：

$$Y_{it}=\alpha+\beta D_i+\gamma T_i+\delta T_iD_i+\lambda_n Z_{ni}+\varepsilon_{it} \tag{15}$$

① 本文在统计数据时并未将政府对农户的长效补助和后期扶持计入补助的范围，这里的补助主要指住房、养老、贫困、医疗等方面的补助。

其中，Y_{it}表示农户的家庭福利水平；α 是常数项；D_i 为虚拟变量，衡量农户 i 是否为移民农户，$D_i=0$ 表示该农户为非移民，$D_i=1$ 表示该农户为移民；T_i 为虚拟变量，表示样本数据是移民前还是移民后，$T_i=0$ 表示移民前的数据，$T_i=1$ 表示移民后的数据；T_iD_i 是交互项，i 代表不同的农户，t 代表时期；Z_{ni}表示控制变量，n＝1，2，3，4，5。

对于实验组的回归方程式（16），由于 $D_i=1$，移民农户受到修建水电站的影响而发生搬迁之前，即 $T_i=0$；发生移民搬迁以后，即 $T_i=1$。由此可以看出，回归方程的斜率由 β 变为 $\beta+\delta$，截距项则由 α 变为了 $\alpha+\gamma$。因此移民搬迁前后，移民农户的家庭福利水平分别为：

$$Y_{it}=\begin{cases}\alpha+\beta D_i+\lambda_n Z_{ni}+\varepsilon_{it} & T_i=0\\ \alpha+\gamma+(\beta+\delta)D_i+\lambda_n Z_{ni}+\varepsilon_{it} & T_i=1\end{cases} \tag{16}$$

同理，对于控制组的回归方程式（17），由于 $D_i=0$，非移民农户在移民前（2012 年），$T_i=0$；发生移民搬迁以后（2017 年），$T_i=1$。由此可以看出，回归方程的截距项则由 α 变为了 $\alpha+\gamma$。因此，移民搬迁前后，非移民农户的家庭福利水平分别为：

$$Y_{it}=\begin{cases}\alpha+\lambda_n Z_{ni}+\varepsilon_{it} & T_i=0\\ \alpha+\gamma+\lambda_n Z_{ni}+\varepsilon_{it} & T_i=1\end{cases} \tag{17}$$

（五）描述性统计

根据前文，被解释变量为农户家庭的福利水平（Y_{it}）；解释变量包括是否移民（D_i），研究时期（T_i），交互项（$D_i\cdot T_i$）；控制变量包括存款数量（Z_{1i}）、补贴数量（Z_{2i}）、人均居住面积（Z_{3i}）、非农就业机会（Z_{4i}）、生活满意度（Z_{5i}）。为了了解变量的基本特征，我们需要分析它们的基本统计量，如表 3 所示。

表 3　　变量的描述性统计

变量	实验组（移民农户）				控制组（非移民农户）			
	均值	标准差	最大值	最小值	均值	标准差	最大值	最小值
Y_{it}	116.63	128.42	923.76	4.3309	91.11	117.66	947.83	12.70
Z_{1i}	1.40	2.83	40.00	0.00	1.54	1.22	6.00	0.00
Z_{2i}	858.58	3452.48	40000.00	0.00	1124.14	3478.73	20000.00	0.00
Z_{3i}	46.39	63.98	1200.00	7.50	42.74	53.54	533.33	5.00
Z_{4i}	0.38	0.48	1.00	0.00	0.78	0.41	1.00	0.00
Z_{5i}	2.51	0.98	4.00	1.00	3.40	0.60	4.00	2.00

由表 3 可以看出，移民农户和非移民农户之间存在差距。对于家庭福利水平 Y_{it} 而言，移民农户家庭福利水平的均值明显高于非移民农户，但是从标准差来看无论是移民农户还是非移民农户，其家庭福利水平的离散程度差别不大，即两组农户的家庭福利变化差别不大。对于存款数量 Z_{1i} 而言，移民和非移民农户的均值差别不大，但是移民农户的标准差和最大值明显高于非移民农户，这表明移民农户组间的存款数量差别较大。对于补贴数量 Z_{2i} 而言，移民农户的均值明显低于非移民农户的均值，这是由于移民农户在发生移民搬迁以后，获得了政府的长效补偿，收入增加，部分贫困户实现了脱贫，因此农户就没有了原先的贫困补助，最终表现为实验组补贴数量的下降。对于人均居住面积 Z_{3i} 而言，移民农户的人均居

住面积明显高于非移民农户，这是由于移民农户搬迁至安置区，政府统一规划修建房屋，整体的居住环境有所提升。对于非农就业机会 Z_{4i} 而言，非移民农户的非农就业机会明显高于移民农户，这是由于大部分移民农户属于异地搬迁，安置区原先已有农户居住，因此不具有非农就业的优势。对于生活满意度 Z_{5i} 而言，移民农户的生活满意度明显低于非移民农户，这是由于移民农户需要时间适应新的居住环境和当地原住农户的习惯，因此主观心理上对生活的满意度较低。

（六）模型估计和稳健性检验

在不考虑任何控制变量的情况下，分析水电工程移民对农户福利水平的影响，得到模型（1）。本文将影响农户家庭福利水平的存款数量、补贴数量、人均居住面积、非农就业机会和生活满意度五个变量分别放入模型中，得到模型（2）~模型（6）。我们采用 OLS 估计上述六个模型，得到估计结果，如表 4 所示。在模型（1）~模型（6）中，回归系数 δ 的符号相同，显著性基本一致，这表明水电工程移民政策的回归系数符号具有较强的一致性，不受控制变量增减变化的影响，因此模型是稳健的。

表 4　　回归结果

变量	模型 1	模型 2	模型 3	模型 4	模型 5	模型 6
D_i	93.88*** (11.11)	88.34*** (10.07)	87.33*** (10.00)	82.13*** (9.13)	77.19*** (8.45)	55.29*** (5.30)

续表

变量	模型 1	模型 2	模型 3	模型 4	模型 5	模型 6
T_i	122.16 *** (14.22)	115.44 *** (12.74)	111.57 *** (12.24)	106.04 *** (11.29)	85.98 *** (7.27)	67.76 *** (5.43)
T_iD_i	-76.66 *** (-5.21)	-70.62 *** (-4.73)	-70.60 *** (-4.75)	-67.13 *** (-4.51)	-49.12 *** (-3.03)	-21.69 *** (-2.97)
Z_{1i}	—	4.21 ** (2.29)	4.10 ** (2.24)	3.38 (1.82)	2.41 (1.28)	0.92 (0.49)
Z_{2i}	—	—	0.01 *** (2.96)	0.01 *** (2.70)	0.01 ** (2.53)	0.01 * (1.94)
Z_{3i}	—	—	—	0.16 ** (2.34)	0.13 * (1.83)	0.07 (1.05)
Z_{4i}	—	—	—	—	23.67 *** (2.77)	8.13 (0.88)
Z_{5i}	—	—	—	—	—	11.31 *** (4.22)
R^2	0.01	0.04	0.12	0.21	0.29	0.34

注：括号内为 t 统计量；***、**、* 分别表示在 1%、5%、10% 的水平上显著。

（七）回归结果分析

由表 4 的回归结果可见，六个模型中，交互项 T_iD_i 的系数 $\delta<0$，表明水电工程移民政策对农户的家庭福利水平存在显著的负相关性，说明农户发生被动性迁移后，家庭福利水平出现了显著的下降。模型（1）中，$\delta=-76.66$，且该系数在 5% 的水平上显著（$t=-5.21$），说明在不考虑控制变量的情况下，水电工

程移民政策导致农户家庭福利水平下降了76.66。然而，模型（1）的结果只简单地考虑水电工程移民政策对农户家庭福利水平的净影响，如果要考虑其他因素对家庭福利水平的综合影响，就需要引入控制变量，而模型（2）~模型（6）就反映了引入控制变量后的结果。我们可以看出，在模型（2）~模型（6）中，$\delta<0$，与模型（1）中的系数符号一致，此时的结果表明，在考虑其他因素的情况下，水电工程移民政策仍然导致农户福利水平的下降，并且这种影响从统计上说是十分显著的。综合来看，模型（6）的 $R^2=0.34$，拟合程度最高。此外，交互项系数 $\delta=21.69$，并且在1%的水平上显著，因此，在考虑存款数量、补贴数量、人均居住面积、非农就业机会和生活满意度等因素的影响时，水电工程移民政策导致农户家庭福利水平下降了21.69。因此，政府需要继续完善当前的移民补偿政策，以确保移民农户家庭福利水平的恢复。

五、结论与建议

（一）主要结论

本文根据消费者选择理论的分析框架，分析金沙江中游移民农户的消费支出结构对其家庭福利水平的作用机理，并构建了基于自然实验的双重差分模型，完成了对移民农户福利水平变化的理论分析与实证检验。结果表明：

第一，在消费者选择模型的分析框架下，我们根据实地调研数据中农户家庭的消费支出结构，估计出了农户的需求函数，由于该需求函数满足预算平衡性、对称性和半负定，所以必然存在其效用函数，因此我们推导出了农户家庭的间接效用函数，并以此衡量农户家庭的福利水平。

第二，我们对调研对象进行分组，移民农户为实验组，非移民农户为控制组，通过组内和组间差分，初步得到水电工程移民政策导致农户的家庭福利水平平均下降了15.74。

第三，通过构建双重差分模型，检验了水电工程移民政策确实对农户家庭福利水平产生了负向影响，由于水电工程建设，农户发生被动性的迁移，其家庭福利水平最终下降了21.69。究其原因在于两点：一方面，水电工程建设导致农户发生了被动性的迁移，改变了农户传统的自给自足的生产方式，其消费支出结构必然会发生变化，食品支出比例上升，最终导致其家庭福利水平的下降。另一方面，政府的移民补偿政策给予了移民农户长效补贴，但是大部分农户缺少非农职业技能，仅依靠长效补贴进行生活，家庭福利水平远低于移民之前。

（二）对策建议

本文在结合前文的理论基础结果和实际调研的结果的基础上，对于优化水电工程移民的福利水平从移民和政府两个角度给出政策建议。

1. 移民层面

第一，提升人力资本水平，优化人力资本结构。调研数据显示，水电工程移民地区农户移民受教育程度较低，其中文盲、小学和初中文凭的移民占比高达69%，拥有较高学历的多为年轻人且为极少数。移民家庭教育程度普遍偏低，大多数人中老年人并没有接受过良好的教育。因此，移民自身应注重对于人力资本的投资，确保可持续生计的长效稳定。从自身角度寻找改善生活的路径，而不是消极地依靠补偿政策维系生计。另外，应积极成立生产性社会组织，对移民家庭进行有效的技术引导，提高移民家庭的人力资本。

第二，摆脱依赖心理，转变思想观念。在调研过程中我们发现，绝大部分移民存在“依赖”心理。由于在搬迁过程中，主导作用还是政府，这造成了一些移民产生“等、靠、要”的思想观念，使移民更多是对国家政策的抱怨，这容易导致移民自力更生的意识不强，不主动寻找创收的路径来增加收入，提高福利水平。移民需通过转化观望等待的消极思想向树立自力更生、艰苦奋斗的理性精神靠近。着实提高自身抵抗风险的能力，确保后续生活生产能够有序进行。

第三，加强技能学习，培养一技之长。调研数据统计结果显示，工程移民农户在搬迁后耕地面积大大减少，有21%移民农户完全失去耕地，有65%移民农户耕地面积小于5亩。因此，拥有一技之长对于农户移民来说至关重要，拥有某项技能能够增加移民农户的收入，保障移民农户的基本生活。在农业收成不好的年份，移民可以通过自己的技能提升自身收入，提高抵御风险的能力。

2. 政府层面

第一，因地制宜，扶持开发移民地区特色产业。在调研中发现，部分移民在搬迁后仍然依靠农业生产来维持生活，这使得该部分移民福利水平低，抵御风险能力弱。对此，政府可以提供政策支持，依靠水电移民自发组织成立合作小组，着重发展种养业，并依靠金融支持提供运作资金。有了政府的政策支持并成立移民合作组织，在此基础上移民就能形成利益与合作共同体，并获得更多的发言权，借此移民能够在金融机构也获得资金支持，由此进入一个有组织、有资金、有项目有政策支持的良性循环，在外力的助推下以及内力的激发下，提高农户移民的福利水平。与此同时，发展移民地区特色产业还能吸纳部分移民劳动力，为移民农户创收，提高福利水平。

第二，加强库区基金管理，设立地方政府官员奖惩机制。用于水库维护和解决库区移民遗留问题的移民后期扶持基金，一般是从发电收益中提取，上缴中央财政，再据实拨付。这笔基金显然对移民区的长期建设至关重要，但目前水库移民工作没有一个全国统一的管理机构，影响移民工作的规范展开。因此，为了加强库区基金管理，建议国务院设立一个全国统一的移民工作管理机构，做好基金的据实拨付，不虚假上报情况，做到物尽其用，拨付的资金公平有效。作为水电工程移民的“父母官”，中央政策的代理人与执行者，地方政府官员更应加强自身建设。避免贪污腐败的滋生对于工程移民群体造成不利影响。对此，国家层面在移民政策制定的同时更应完善政策执行的约束激励机制，避免地方官员与国家政策相背而行，合法保护移民群体的合法利益。一个方法是对移民工作立法。当移民的应得权益得不到保障，可以有正规的法律途径向上级反映，而不是只能通过上报到村、乡、镇政府。这样的约束政策，也会激励地方政府官员，更有效地处理移民问题。

第三，为移民提供就业途径、创业培训指导和创业扶持。政府后期扶持政策应该向移民自主择业和自主创业项目倾斜，以项目促进扶持、以发展带扶持。移民的自主创业必须依托自身的资源、资金和个人能力，否则项目难以成功。因此，地方政府必须加强对移民的技术培训和创业能力的培训，必须创新移民技术和创业能力培训的模式，提升移民运用互联网创业的能力，提高移民培训效果。要积极依托“创业技能培训班、创业形势大论坛、创业能力竞技场、创业实践大舞台”四大平台，不断完善“培养移民创业意识、营造移民创业氛围、塑造移民生创业人格、创造移民创业机会和提高移民创新创业能力”的五大核心职能。在培训计划的科学制定、培训课程的优化设计、培训教师的方法创新、培训内容的考核以及培训效果的监控等方面形成一整套科学可行的体系。同时，也要加大对移民创业资金信贷方面的大力支持，要优先安排专项资金，积极发挥金融机构的小额贷款作用，制定优惠的贷款利率和期限，解决移民不同程度上的创业资金需求。

总而言之，政策能否达到目的，需要移民自身改变旧的思想观念、转变不良心态，通过主动提高自身素质，结合政府的积极作为，全面、正确地理解政策，共同保证政策执行的成功。

参考文献

［1］陈刚:《对移民的误解——移民对本地居民主观福利的影响》，载《世界经济文汇》2015 年第 6 期。

［2］陈绍军、施国庆:《中国非自愿移民的贫困分析》，载《甘肃社会科学》2003 年第 5 期。

［3］陈庭翰:《特区移民经济模式下的民族间经济福利均等化》，载《贵州民族研究》2018 年第 11 期。

［4］陈银蓉、刘纯、甘臣林:《水库移民“两区”福利变化比较及政策改进——基于农户视角的分析》，载《资源开发与市场》2018 年第 10 期。

［5］段跃芳:《水库移民补偿理论与实证研究》，华中科技大学博士学位论文，2014 年。

［6］樊启祥、陆佑楣、强茂山、王汉花:《大中型水电工程中移民收入水平预测模型研究》，载《水力发电学报》2014 年第 2 期。

［7］傅秀堂、李世荣:《我国水库移民政策的回顾与思考》，载《人民长江》2007 年第 12 期。

［8］贾晔、唐继锦:《建立水库移民经济学的构想》，载《广西大学学报（哲学社会科学版)》1995 年第 4 期。

［9］李若瀚、甄璐:《我国水利工程移民补偿存在的问题及出路》，载《人民长江》2013 年第 19 期。

［10］刘华蓉、翟有龙:《基于福利经济学的阆中市特殊困难移民整体解困规划研究》，载《农村经济与科技》2016 年第 11 期。

［11］刘灵辉、陈银蓉:《水利水电工程移民安置区土地流转的影响与社会福利改进研究》，载《水利发展研究》2013 年第 8 期。

［12］陆远权:《水库移民返迁的成因及对策研究》，载《重庆大学学报（社会科学

版)》2002 年第 1 期。

［13］邵毅、施国庆、严登才：《水库移民遗留问题处理前后移民生计资本对比分析——以岩滩水电站 B 县移民安置区为例》，载《水利经济》2014 年第 2 期。

［14］施炳展、张夏：《中国贸易自由化的消费者福利分布效应》，载《经济学（季刊)》2017 年第 4 期。

［15］施国庆、郑瑞强、张根林：《水库移民安置补偿过程中的几个问题探讨》，载《水利规划与设计》2009 年第 1 期。

［16］孙海兵、赵旭：《基于结构方程模型的征地对移民福利影响分析》，载《人民长江》2017 年第 14 期。

［17］王茂福、柯尊勇：《水库移民安置目标：基于福利经济学的分析》，载《人口与经济》2009 年第 6 期。

［18］王望珍、吴素红：《重大建设工程移民安置的社会福利分析——从土地价值角度出发》，载《国土资源科技管理》2017 年第 5 期。

［19］王湛晨、刘富华：《后靠式移民对收入影响的研究：基于断点回归的估计》，载《贵州财经大学学报》2018 年第 6 期。

［20］卫山、陈华龙：《发展的最终归宿是增进人民的福利——评〈工程性移民安置理论与实践〉》，载《经济评论》2004 年第 4 期。

［21］严登才、施国庆、周建：《范式视角下水库移民贫困成因研究综述》，载《水利发展研究》2011 年第 12 期。

［22］杨云彦、徐映梅、胡静、黄瑞芹：《社会变迁、介入型贫困与能力再造——基于南水北调库区移民的研究》，载《管理世界》2008 年第 11 期。

［23］余文学、高渭文、张云：《水库移民问题社会经济分析》，载《河海大学学报（哲学社会科学版)》2000 年第 4 期。

［24］Chris W.，1994：Resettlement and Land Reform in South Africa，Review of African Political Economy，Vol. 61，No. 21.

［25］IFC（International Finance Cooperation），2006：Performance Standards on Social and Environmental Sustainability, Washington.

[26] Jeffery J. C. , 2019: Resolving the Migrant Paradox: Two Pathways to Coalescence in the Late Precontact U. S. Southwest, Journal of Anthropological Archaeology, Vol. 53, No. 3.

[27] Kaida N. and Miah T. M. , 2015: Rural-urban Perspectives on Impoverishment Risks in Development-induced Involuntary Resettlement in Bangladesh, Habitat International, Vol. 50, No. 3.

[28] Maldonado J. K. , 2012: A New Path Forward: Researching and Reflecting on Forced Displacement and Resettlement: Report on the International Resettlement Conference: Economics, Social Justice, and Ethics in Development – Caused Involuntary Migration, the Hague, 4 – 8 October 2010, Journal of Refugee Studies, Vol. 25, No. 2.

[29] RuiQiang Z. and ShengDong C. , 2012: Government Risk Identification and Interpretation in Hydropower Immigrants Work basedon PSR Method, China Water Power & Electrification, Vol. 71, No. 2.

[30] Russell Smith and Jeremy et al. , 2007: Rural Livelihoods and Burning Practices in Savanna Landscapes of Nusa Tenggara Timur, Eastern Indonesia, Human Ecology, Vol. 35, No. 3.

[31] Schmidt Soltau K. and Brockington D. , 2007: Protected Areas and Resettlement: What Scope for Voluntary Relocation?, World Development, Vol. 35, No. 12.

[32] Chen S. and Meng J. , 2018: Calculation Method of Shapley Compensation for Reservoir Resettlement of Hydropower Project Construction, Journal of Hydroelectric Engineering, Vol. 32, No. 7.

[33] Siciliano G. and Urban F. , 2017: Equity-based Natural Resource Allocation for Infrastructure Development: Evidence from Large Hydropower Dams in Africa and Asia, Ecological Economics, Vol. 134, No. 12.

[34] Tang K. D. and Liang L. X. , 2013: Review and Summary of Independent Evaluation of Immigrants about Shimenkan Hydroelectric Station, Applied Mechanics and Materials,

Vol. 438, No. 8.

[35] Verkuyten M., Altabatabaei H. G. and Nooitgedagt W., 2018: Supporting the Accommodation of Voluntary and Involuntary Migrants: Humanitarian and Host Society Considerations, Social Psychological and Personality Science, Vol. 9, No. 3.

Research on the Influence of Hydropower Project Migration Policy on the Welfare Level of Farmers in China

Liu Fuhua　Liang Mu

Abstract: Hydropower project migration bears the external cost of project construction. Therefore, it is of great significance to accurately assess the impact of hydropower project migration policy on the welfare level of farmers to promote the rational promotion of hydropower project and regional sustainable development. Based on the field survey data of rural households in the middle reaches of the Jinsha River, this paper measures the welfare level of rural households through indirect utility, and evaluates the net impact of hydropower project migration policy on the welfare level of rural households by using the DID method. The results show that: (1) the migration policy of hydropower projects has led to changes in the consumption expenditure structure of farmers' families, so the welfare level of farmers' families has changed. (2) Through intra-group and inter-group differences, we preliminarily concluded that the migration policy of hydropower projects resulted in an average decline of 15. 74 in the level of family welfare of farmers. (3) Through the DID model, it empirically tests that the migration policy of hydropower projects does have a negative impact on the welfare level of farmers' families, and their relative welfare level finally drops by 21.69. Finally, according to the research results, we put forward countermeasures and Suggestions from the two aspects of improving the migrant compensation and resettlement policy and strengthening the off-farm vocational skills training for farmers.

Key words: Migration of hydropower projects; Indirect utility function; Welfare of household; DID model

“一带一路”与绿色贸易融资：内涵、使命与前景

孙　瑾　丁　冉　杨茜男*

摘要：绿色贸易融资是为了鼓励环境产品的国际贸易，引导企业进行绿色生产，而针对绿色贸易采用的贸易融资手段。鉴于“一带一路”沿线国家普遍具有脆弱的生态环境以及高能耗的粗放式经济发展模式，且在中国与“一带一路”沿线国家开展广泛的经济贸易活动中推行绿色贸易融资具有高度的金融、环保及贸易方面的必要性及重要性，因此有必要通过开展环境影响评估、利用“一带一路”多边机制开展合作及探索设立“一带一路”绿色贸易融资专营机构的方式，在“一带一路”多边治理的框架下进行绿

---

* 孙瑾，中央财经大学国际经济与贸易学院副教授，美国加州大学洛杉矶分校访问学者，经济学博士。主要研究方向：国际贸易，贸易政策。丁冉，中央财经大学国际经济与贸易学院，研究生。杨茜男，名古屋市立大学。

色贸易融资实践。

关键词："一带一路" 绿色贸易融资 绿色发展

"一带一路"（the Belt and Road Initiatives）是"丝绸之路经济带"和"21 世纪海上丝绸之路"的简称，"一带一路"倡议提出要充分依靠中国与有关国家既有的双、多边机制，借助行之有效的区域合作平台，高举和平发展的旗帜，积极发展与沿线国家的经济合作伙伴关系，共同打造政治互信、经济融合、文化包容的利益共同体、命运共同体和责任共同体。根据 2015 年 3 月中国发布的《推动共建丝绸之路经济带和 21 世纪海上丝绸之路的愿景与行动》①，我国提出要推动"一带一路"沿线各国在更大范围、更高水平、更深层次上开展区域合作，共同打造开放、包容、均衡、普惠的区域经济合作架构，以实现沿线国家多元、自主、平衡、可持续的发展，这一重大举措是基于"一带一路"经济发展与绿色发展协同并重的严峻挑战而提出的。一方面，当下"一带一路"沿线国家生态环境相对脆弱、经济发展较为落后、经济发展方式比较粗放的现状已成为该地区绿色发展的瓶颈；另一方面，包括中国在内的许多国家的发展历程表明，如果一味追求投资拉动经济的增长，而忽略资源和环境的承载能力，则很可能造成严重的污染问题和生态系统的破坏，其隐含的未来修复生态环境的长期成本将远远

---

① 《推动共建丝绸之路经济带和 21 世纪海上丝绸之路的愿景与行动》（全文），http：//ydyl. people. com. cn/n1/2017/0425/c411837 –29235511. html。

高于目前粗放式经济增长而带来的短期经济利益。此外，从全球视野角度，由于对高碳项目的大量投资将加剧全球气候变暖，引起严重干旱、海平面上升等一系列极端气候事件的频频发生，并将对全人类的生存、生产和生活造成严重威胁，因此“一带一路”经济的绿色化发展也是全球有效应对气候变化的基本要求和重要组成。

综合而言，为保障巴黎协定的落实以及发展中国家的环境可持续发展，应将“一带一路”建设的绿色化，尤其是“一带一路”投融资的绿色化，作为“一带一路”倡议、投资和建设的核心内容。其中，绿色贸易融资作为贸易开展重要的资金来源，可以起到约束企业生产经营活动的决定性作用，同时为在该地区开展绿色发展领域的经济技术国际合作提供了难得的契机、广阔的空间和巨大的潜力，反之，“一带一路”也可以为绿色贸易融资这一全新理念提供理论构建与实践探索的重要支撑平台。

一、绿色贸易融资的内涵

（一）定义

根据被称为银行业“基本法”的《巴塞尔协议》第244条规定，贸易融资是指在商品交易中，银行运用结构性短期融资工具，基于商品交易（如原油、金属、谷物等）中的存货、预付款、应收账款等资产的融资。贸易融资具有重复性、短期性、周转快、流动性强等鲜明的业务特点，向来被银行业认为是高收益、低风险的一项业务，同时它有效地解决了企业从事进出口贸易活动时面临的资金短缺难题，增强了其在谈判中的优势，使之有可能在更大范围、更大规模上开展国际贸易活动。国内商业银行目前开展的国际贸易融资业务以传统业务为主，包括进口开证、进出口信用证押汇、打包贷款、提货担保、保函、备用信用证等以及国际市场上比较成熟的应收账款融资、进出口办理等业务。随着国际贸易融资领域的创新行为不断增加，在改变观念、革新技术和提升传统产品增值服务等方面必将出现新的趋势。

由于全球80%的国际贸易均使用了贸易融资手段①，在国际贸易领域有较为成熟的规则和管理，因此基于贸易融资、绿色贸易、绿色金融等相关概念，本文界定“绿色贸易融资”的内涵为：为了鼓励环境产品的国际贸易，引导产业进行绿色生产，而针对绿色贸易采用的贸易融资手段。其共有如下三个特征：（1）以绿色贸易为服务对象：融资项目必须符合绿色贸易特征；（2）以绿色金融为结合手段：是传统贸易融资手段与绿色金融新思维新方法的结合；（3）以绿色发展为最终目的：最终目的在于推动经济领域实现绿色发展。绿色贸易融资通过各银行金融机构积极配合执行绿色贸易和绿色发展目标，对符合绿色贸易方式的项目给予信贷支持，增加授信额度，以加大对该领域的资金投入；对于不符合绿色贸易方式的项目，不得提供授信支持或者从严审批贷款，以此引导资金和贷款流入促进国家绿色贸易发展的企业和机构，并从破坏、污染

① 《大宗商品贸易融资风险警示》，http：//www. sinotf. com/GB/Trade_Finance/Commodities/2015 -08 -21/1NMDAwMDE5MjM1NA. html。

环境的企业和项目中适当抽离资金和贷款，从而实现资金的“绿色化配置”。

（二）重要性

从绿色贸易融资的重要性角度，本文认为，从微观角度看，鉴于贸易处于生产和消费的中间环节，通过绿色贸易融资，一方面可以引导企业进行“绿色生产”，即进行“充分体现人文关怀与自然关怀并有效组织生产过程以取得最佳（社会、环境与经济）效益，实现人与人和人与自然和谐统一”的生产，其中，作为自然关怀的体现，在实施过程中必须充分保护生态环境，如工艺上充分关注环境的承载能力，以实现人与自然的和谐；作为人文关怀的实现形式，在组织过程中必须做到文明生产，如为劳动者提供足够的劳动保护，以实现人与人之间的和谐；作为经济活动的核心内容，绿色生产必须是有效率的，且必须在效率上胜过以石化能源为代表的灰色生产方式。另一方面，从消费的角度看，促使消费行为的绿色化转型，由于人是社会、生态与物质的有机统一体，当消费者选择符合生态文明要求的绿色产品时，消费福利实际上也被深化了。

从宏观角度看，绿色贸易融资可以促进社会与经济朝着更加健康以及更加符合绿色发展方式的方向发展，同时缓解国家在低碳减排承诺方面的压力。由于污染物一般不局限于某一国家或者地区，因此解决环境问题和气候问题往往需要区域内各国间共同协作才能得到真正解决，因此，要在多边治理的框架下进行绿色贸易融资实践。而共建“丝绸之旅经济带”和“21 世纪海上丝绸之路”（以下简称“一带一路”）是2013年9月和10月中国国家主席习近平在出访中亚和东南亚国家期间提出的重大倡议，也是中国借助既有的多边机制提出的区域合作倡议，旨在打造政治互信、经济融合、文化包容的利益共同体、命运共同体和责任共同体，因此“一带一路”投融资的绿色化建设将成为中国履行大国承诺与责任的关键一环，以及全球范围内绿色发展与环境治理的重要载体。此外，对于绿色贸易融资的发展而言，为贸易服务的本质决定了其推广过程中必然涉及多个国家和地区，由于国际范围内难以形成统一的评价标准和业务准则，因此有必要探讨以区域内合作组织，如“一带一路”为依托，搭建绿色贸易融资推广和交流的平台，在增强沿线国家相关金融机构和企业的国际交流基础上，解决信息不对称、认识不统一、操作不一致等诸多难题。

二、“一带一路”沿线国家环境与能耗现状

截至2019年7月底，中国政府已与136个国家和30个国际组织签署了195份政府间合作协议，商签范围由亚欧地区延伸至非洲、拉美、南太、西欧等相关国家。[①]“一带一路”沿线国家和地区（包括中国）大多是新兴经济体和发展中国家，发展水平较低，整体呈现出粗放式的发展方式。但是由于这些国家有着良好的自然禀赋、得天独厚的自然资源优势，在全球经济复苏乏力之际，这些

① 《图解：“一带一路”倡议六年成绩单》，https：//www. yidaiyilu. gov. cn/xwzx/gnxw/102792. htm。

国家提升空间巨大。根据2017年"一带一路"国际合作高峰论坛上习近平主席发表的题为《携手推进"一带一路"建设》的主旨演讲，强调："我们要践行绿色发展的新理念，倡导绿色、低碳、循环、可持续的生产生活方式，加强生态环保合作，建设生态文明，共同实现2030年可持续发展目标。"高峰论坛圆桌峰会的联合公报将"以平等、可持续的方式管理自然资源，保护并可持续利用海洋、淡水、森林、山地、旱地；保护生物多样性、生态系统和野生生物，防治荒漠化和土地退化等，实现经济、社会、环境三大领域综合、平衡、可持续发展"列入一带一路倡议重要合作目标。2018年，习近平主席在推进"一带一路"建设工作5周年座谈会上指出："共建'一带一路'顺应了全球治理体系变革的内在要求，彰显了同舟共济、权责共担的命运共同体意识。"

"一带一路"沿线国家拥有丰富的自然资源。如南亚和东南亚地处热带和亚热带地区，森林资源和生物资源非常丰富，孕育了类型繁多的生态系统与丰富多样的动植物物种，是世界上生物多样性最为丰富的地区之一。俄罗斯是世界上森林资源面积最大的国家，占全球森林面积的20%以上，森林总量约占陆地国土面积的70%。但是"一带一路"沿线国家大多面临着严重的环境问题，其环境资源综合绩效远低于世界平均水平。如中国—中亚—西亚的经济走廊主要是荒漠、半荒漠和草原地带，气候异常干燥，降雨量极其稀少，极端气象灾害频发，生态环境较为脆弱。南亚地区的印度、尼泊尔和斯里兰卡也都处于缺水的低水平范畴。根据俄罗斯自然资源与生态部2008年的国家报告，2006年仅在俄罗斯的欧洲部分，来自爱沙尼亚、拉脱维亚、立陶宛等国的硫氧化物总沉降量达到51.7万吨。同时，海上丝绸之路沿线国家海洋生态问题长期存在，如自然海岸线大量丧失、气候变化、陆源污染排放过量、渔业资源枯竭、生态灾害频发等。此外，“一带一路”沿线国家大多采用粗放式经济发展方式，其原木消耗、单位GDP能耗、物质消费、温室气体排放量均高出世界平均水平的50%以上，而对于臭氧层能耗、单位GDP水泥消耗、有色金属消耗、钢材消耗、水耗，则达到了世界平均水平的2倍或2倍以上。例如，“一带一路”沿线地区消费了世界上50.8%的一次能源，包括72.2%的煤炭、47.1%的天然气、41.1%的原油、40.1%的水电。从“一带一路”沿线国家整体来看，其环境资源综合绩效远远低于世界平均水平。

2018年11月16日，中国科技部发布《全球生态环境遥感监测2018年度报告》，继续关注全球生态环境热点问题以及重点区域，面向国家重大需求、国际社会可持续发展以及全球应对气候变化的迫切需要，选定“‘一带一路’生态环境状况及态势”“全球碳源汇时空分布状况”与“全球大宗粮油作物生产形势”3个专题开展监测分析。至今，科技部已连续7次发布年度报告，对全球生态环境进行了一系列的遥感监测与科学分析。这是我国科技界利用高新技术监测与保护生态环境，推进全球生态文明建设的一项实际行动，也是我国深度参与全球环境治理，落实联合国2030年可持续发展议程的重要举措。报告涉及的农牧交错带范围横跨欧亚大陆20个国家，总面积约263万平方千米，位于北纬30°~60°和西经10°~东经85°之间，涉及中蒙俄、新亚欧大陆桥、中国—中亚—西亚和中巴四大经济走廊的大部分地区；海岸带选取了与中国在建工程/园区密切相关的马六甲海峡海岸带、吉大港—皎漂港海岸带和恰巴哈尔—奥尔马拉海岸带3个典型海岸带；重点自然保护地选择了经济走廊沿线32处面积较大的国家公园。根据该报告，（1）“21世纪海上丝绸之路”沿线3个典型海岸带近30年建设用地与农业用地呈现不断增加的趋势，人工岸线增长明显，部分热带雨林和沿岸红树林遭到破坏；近海海域生态环境整体相对稳定，局部质量略有下降。（2）丝绸之路经济带沿线欧亚大陆11个国家32处国家公园的总体生态状况较好。据自然性、结构完整性、结构稳定性和生产力稳定性等4项遥感监测指标的综合评价结果，超过八成的国家公园生态状况呈稳定或向好趋势；两成以下呈现变差的趋势。（3）“一带一路”互联互通重大工程对生态环境会产生一定的影响。已建和在建工程采用绿色施工和自然保护设施相结合的方式，降低了工程的生态占用及对生态环境的影响，取得了明显的成效。

三、“一带一路”与绿色贸易融资发展的使命与建议

（一）“一带一路”与绿色贸易融资结合的必要性

1. 金融方面

2016年8月由中国人民银行等七部委发布的《关于构建绿色金融体系的指导意见》中指出要“通过‘一带一路’战略等撬动民间绿色投资的作用，推动区域性绿色金融国际合作，支持相关国家的绿色投资”。2017年5月，中国生态环境部等四部委发布了

《关于推进绿色“一带一路”建设的指导意见》，提出将“推进绿色贸易发展，促进可持续生产和消费”和“加强对外投资的环境管理，促进绿色金融体系发展”作为推进绿色“一带一路”建设的两大任务，并“推进绿色投资、绿色贸易和绿色金融体系发展，促进经济发展与环境保护双赢”，这也是我国首次在重要政策文件中阐述绿色贸易的具体举措。① 此外，根据《中国绿色金融发展年度报告（2018）》，促使金融机构不断深入推动绿色“一带一路”建设的动力，一是“一带一路”倡议指明了金融机构推动绿色投融资的方向；二是全球新一轮产业革命为金融机构推动绿色投融资带来了发展新机遇；三是“一带一路”沿线各国环保理念增强，为金融机构推动绿色投融资创造了有利的环境；四是全球经济贸易活动中环境规则和标准不断提高，为金融机构推动绿色投融资提供了标准。②

2. 环保方面

2019 年 1 月，全国生态环境保护工作会议明确提出，启动“一带一路”绿色发展国际联盟是重点工作之一，旨在促进“一带一路”沿线地区形成绿色发展共识，推动共建国家和地区可持续发展，实现联合国 2030 年可持续发展目标。“一带一路”沿线众多发展中国家要发挥绿色发展的后发性，在当前全球面临的严峻的

① 《关于推进绿色“一带一路”建设的指导意见》，http：//www. mee. gov. cn/gkml/hbb/bwj/201705/t20170505_413602. htm。

② 《中国正成为全球绿色金融旗手　绿色信贷规模已超 9 万亿》，http：//www. redsh. com/a/20190123/121049_2. shtml。

气候危机和环境危机前，主动承担起与其发展能力相对等的责任与义务，充分利用国际市场上的技术资源优势，提升本国绿色发展领域的能力与水平，以实现“绿色赶超”。目前，“一带一路”沿线地区正在形成绿色发展共识：打造政策对话沟通平台、环境知识和信息平台、绿色技术交流与转让平台，使联盟更好地为各国服务，取得务实成果，“一带一路”倡议的提出为我国生态环保合作提供了广阔的舞台①。

3. 贸易方面

2017年中国与“一带一路”沿线国家的进出口总额达到14403.2亿美元，同比增长13.4%，高于我国整体外贸增速5.9个百分点，占中国进出口贸易总额的36.2%，“一带一路”沿线国家重要性越发凸显②。另外，而“一带一路”沿线国家贸易额占全球贸易额的22%、占全球人口43.4%，这意味着巨大的项目投资以及资金需求。因此，作为推动绿色金融发展、实现环境保护多边合作以及促进绿色贸易发展的手段，绿色贸易融资可以使更多的绿色产业输入沿线地区，这既是“一带一路”沿线国家践行绿色发展理念、转变经济增长方式的必然要求，同时也是我国实施“一带一路”倡议、贸易强国的必由之路。

① 《“一带一路”绿色发展国际联盟将在今年启动　合作共享绿色发展成果》，https：//www.yidaiyilu.gov.cn/xwzx/bwdt/85966.htm。

② 国家信息中心：《“一带一路”贸易合作大数据报告2018》，http：//sh.qihoo.com/pc/9e5985fc3cf4ef10c?cota=4&tj_url=so_rec&refer_scene=so_1&sign=360_e39369d1。

（二）“一带一路”与绿色贸易融资结合的重要性

1. 金融方面

尽管推进“一带一路”倡议，是以贸易和投资为主要内容，但是实质上是金融问题，一定程度上可以说，金融可以对贸易和投资发挥支撑作用，如拓宽融资渠道、分散投资风险、优化资源配置、制定金融标准等。绿色贸易融资作为绿色金融在贸易领域最为重要的分支，其既能为绿色贸易发展提供全面的金融服务，而且有利于发展绿色金融，推动金融产业绿色化转型升级，向现代金融业发展。同时，其发展的本身也对金融业提出了挑战，绿色贸易融资迫使并推动金融业完善金融体系和制度，提高环境风险把控能力，促进金融产品开发与金融市场推展，扩大对外交流与合作，以配合绿色贸易融资发展中提出的新要求，更加有效地推动境内外各个产业部门在“一带一路”框架下深度合作，为全球经济增长提供动能。

2. 环保方面

在与“一带一路”沿线国家进行经贸与投资的互动中，中国必须避免向“一带一路”区域输出高污染高耗能的过剩产能。短期内我国高耗能、高污染的资源密集型产业，转移到工业化水平较低的国家会较受欢迎，但是从长期来看，却存在巨大的环境风险。无论作为中国或是“一带一路”区域各国，都需要跨越这一饮鸩止渴的陷阱，避免引发环境、社会或未来的财务风险，危害“一带一路”倡议的整体成效。只有整个区域实现协调和可持续发展，积极促进沿线发展中国家在有效的绿色贸易融资支持下与中国共同实现产业升级、帮助其跨越资源诅咒或者资源陷阱，打造整体性对的区域优势，才会实现“一带一路”倡议构想的成功。

3. 贸易方面

近年来“一带一路”沿线国家对于中国贸易的重要性不断攀升，从产品细分的角度，1996～2015 年，各国最具竞争力的产品主要集中在劳动密集型制成品、燃料以及各种原料上，中国与六大经济走廊（中巴经济走廊、孟中印缅经济走廊、中蒙俄经济走廊、中国—中南半岛经济走廊、新亚欧大陆桥经济走廊、中国—中亚—西亚经济走廊）之间以产业内贸易为主的商品主要集中在食品及活动物、化学产品及有关产品和按原料分类的制成品。而这些产品大多处于产业价值链的中低端，生产过程资源消耗较高，其生产过程中造成的环境污染、生态破坏等诸多问题对“一带一路”沿线国家大多存在的脆弱的生态环境提出了严峻的考验。因此，绿色贸易融资的发展有助于“一带一路”贸易发展继续摆脱“先污染，后治理”的老路，缓解贸易发展过程中的能源消耗和环境污染问题，将绿色贸易的理念推广到沿线各国。

4. 投资方面

由于“一带一路”沿线国家主要以发展中国家为主，其当地外贸企业融资渠道有限，中国外贸企业同样可能面临资金瓶颈问题，绿色贸易融资可以在区域内国家间的更广阔的平台上融通资金，有助于解决贸易发展中固有的小企业融资难问题。反之，绿色贸易作为 21 世纪贸易发展新方向，其发展中的融资需求可以为更多的企业创造投资机会，绿色贸易融资为各国继续扩大对沿线国家投资提供了新的业务指引，有助于吸引多方资金注入，发挥各方优势，实现互利共赢。并且，绿色贸易融资促进了国际间各类金融机构的交流合作，有助于搭建“一带一路”合理的贸易融资结构，更好地支持绿色贸易相关产业的跨境联通，激发开放型经济增长的红利。

四、绿色贸易融资的理论构架

为了给“绿色贸易融资”这一全新理念构建理论框架，本文借鉴马诺娃（Manova，2013）首次将贸易融资因素引入梅里兹（Melitz，2003）经典贸易模型的思路，进一步尝试将绿色贸易融资因素引入并重构模型，以从异质性企业角度解释绿色贸易融资与企业绿色贸易行为的作用机理，并阐释绿色贸易融资与绿色贸易发展的促进关系。

（一）企业的生产与运输支出

假设全世界有 J 个国家和 S 个部门，其中存在一系列企业生产差异性产品，且消费者具有对于产品多样性的偏好。i 国的效用函数和 i 国 s 部门的消费函数如下所示：

$$C_{is} = \left[\int_{\omega\in\Omega_{is}} q_{is}(\omega)^{\alpha} d\omega\right]^{\frac{1}{\alpha}} \tag{1}$$

$$U_i = \prod_s C_{is}^{\theta_s} \tag{2}$$

其中，$q_{is}(\omega)$ 指 i 国在 s 部门的消费种类 ω，Ω_{is}是可供选择

的一系列消费种类组合。参数 θ_s 表示每个部门在总支出 Y_i 中的比重，且 $\sum_s \theta_s = 1$，$0 < \theta_s < 1$。如果 P_{is}是部门 s 的价格指数，$\varepsilon = 1/1 - \alpha > 1$ 代表不变的替代弹性，那么 i 国在价格 $p_{is}(\omega)$ 下的需求为：

$$q_{is}(\omega) = \frac{p_{is}(\omega)^{-\varepsilon}\theta_s Y_i}{P_{is}^{1-\varepsilon}} \tag{3}$$

其中，

$$P_{is} = \left[\int_{\omega \in \Omega_{is}} p_{is}(\omega)^{1-\varepsilon} d\omega\right]^{\frac{1}{1-\varepsilon}} \tag{4}$$

企业支付 $c_{js}f_{ej}$的贸易沉没成本以进入某一行业，之后可以从符合 $[a_L, a_H](a_H > a_L > 0)$ 的累计分布函数 G(a) 中得出企业生产水平为$\frac{1}{a}$。一单位产出的成本为 $c_{js}a$，其中 c_{js}表示各国各部门中要素投入组合最小化时的成本，由于 c_{js}可以用来衡量国家间总生产率，要素价格以及要素密集度的差异，因此 G(a) 并不取决于 j 或者 s。众多研究结果表明信贷约束会扭曲企业的投资以及生产决策，并且这种影响是跨部门的。相较于国内生产来说，为了更加聚焦其对于出口的影响，假定企业利用日常运作的现金流为国内生产经营活动提供融资，参照马诺娃的模型假设，本文进一步假定服务于本国市场时不存在固定成本，也即所有行业内的企业都在本国生产。并且由于 j 国的企业可以通过每期支付固定成本 $c_{js}f_{ij}$以出口至 i 国，其中 $f_{ij} > 0$，$i \neq j$，$f_{jj} = 0$。此外，为了使一单位的某种产品可以到达进口国，出口商同时也要支付 $\tau_{ij} > 1$ 单位的产品的运输费用。

（二）企业的贸易融资模型

企业面临着在国际贸易中生产与运输支出融资方面的信贷约束。本文假定出口商可以在内部为可变成本融得资金，但仍旧要从外部募集到固定贸易成本的 $d_s(0<d_s<1)$ 的资金。因此 j 国 s 部门的生产商为了出口需要的借款额为 $d_s c_{js} f_{ij}$。其中，潜在的假设条件是企业不能使用前一期的利润以为未来企业运作进行融资，实际上，这个假设是客观存在的，比如，企业不能保存收益，而是要在每期期末将所有利润分配给股东，此时，d_s 可以指在所有留存收益分配尽后，支出花费中需要进行外部融资的比重，或者可以类比到企业经历流动性紧缩时，其只能在获得利润之后才能偿还沉没成本的情形。此外，参数 d_s 可以准确地体现每个产业由于自身特质而导致的部门间沉没成本的差异，并且很好地衡量了外部融资的依存度。

本文认为，在贸易融资过程中，进行绿色贸易的企业可以在有关政策的支持下得到众多形式与渠道的资金融通。以中国为例，早在 1995 年，中国人民银行就已颁布《关于贯彻信贷政策与加强环境保护有关工作问题的通知》，要求为加强银行环境管理，规避环境风险，促进商业银行进行环保产品投资。2007 年，环保总局、中国人民银行、中国银保监会共同颁布《关于落实环境保护政策法规防范信贷风险的通知》，主要要求为对未通过审批或环保设施验收的项目不得提供任何形式的授信支持；在三部门和金融机构间建立信息沟通机制；依据国家产业政策分类放款；对违规排污企业严格限制流动资金贷款。至今，我国目前已经在绿色金融政策领域取得一定进展，最为典型的是银保监会 2012 年发布的《绿色信贷指引》，该指引明确要求银行等金融机构制定针对客户的环境和社会风险评估标准，对客户的环境和社会风险进行动态评估与分类，相关结果应当作为其评级、信贷准入、管理和退出的重要依据，并在贷款“三查”、贷款定价和经济资本分配等方面采取差别化的风险管理措施，该指引是我国银行业金融机构发展绿色信贷的纲领性文件，也标志着中国成为全球仅有的三个建立绿色信贷指标体系的国家之一。

本文的创新点在于，假定企业可以根据符合绿色贸易融资的程度，获得 $\lambda_{js}(0<\lambda_{js}<1)$ 比例的利息减免，λ_{js} 作为本文的核心解释参数，可以被定义为绿色贸易融资中的利息优惠因子。λ_{js} 由 j 国 s 部门绿色贸易融资的强度决定，在模型中是外生的，用以突出绿色贸易融资受到各国对于绿色贸易融资的重视程度不同以及部门间由于自身异质性导致的得到绿色贸易融资的比例不同等方面的影响。绿色贸易融资的过程，具体如下：每期期初，各企业出示所需融资金额，则融得资金后按照规定须支付 F 的利息，并获得相关利息减免，在贸易产生利润后在每期期末偿还利息。

j 国的企业需要决定在 i 国市场的出口价格和数量以实现利润最大化：

$$\max_{p,q,F(a)} \pi_{ijs}(a) = p_{ijs}(a)q_{ijs}(a) - q_{ijs}(a)\tau_{ij}c_{ij}a - (1-d_s)c_{js}f_{ij} - \lambda_{js}F(a) \tag{5}$$

$$q_{ijs}(a)=\frac{p_{ijs}(a)^{-\varepsilon}\theta_s Y_i}{P_{is}^{1-\varepsilon}} \tag{6}$$

$$A_{ijs}(a)\equiv p_{ijs}(a)q_{ijs}(a)-q_{ijs}(a)\tau_{ij}c_{js}a-(1-d_s)c_{js}f_{ij}\geqslant F(a) \tag{7}$$

$$B_{ijs}(a)\equiv -d_s c_{js}f_{ij}+\lambda_{js}F(a)\geqslant 0 \tag{8}$$

利润方程（5）的表达形式体现了企业为所有可变成本以及（$1-d_s$）比例的固定成本进行内部融资，并支付投资者 $\lambda_{js}F(a)$ 的利息额。在没有利息减免时，出口商仅需要通过满足方程（6）给出的需求条件以实现利润最大化，而在存在外部融资时，则存在方程（7）、方程（8）两个条件以约束企业的决策。融资时，企业最多可以支付其净收益（net revenues）$A_{ijs}(a)$ 给借方，此外，后者只有在净回报（net return）$B_{ijs}(a)$ 不为零时才会进行投资。其中，考虑绿色贸易融资的利息减免政策的滞后性，以及部门内企业是否可以获得绿色贸易融资的不确定性，约束方程（2）提高融资基础条件，要求企业的净利润必须大于所需偿还的利润总额而非实际所需偿还的利息减免后金额。由于在竞争性的借贷市场中，所有投资者的互相竞争以致得到为零的预期利润，即均衡时 $B_{ijs}(a)=0$，此时可以转化为没有利息减免且满足时 $F(a)$ 不多于企业净收益的流动性约束时的利润最大化问题。因此，如梅里兹模型中描述的一样，最佳情况是各个企业选择相同的出口数量和价格，且得到相同的出口收入及利润：

$$p_{ijs}(a)=\frac{\tau_{ij}c_{js}a}{\alpha} \tag{9}$$

$$q_{ijs}(a)=\left(\frac{\tau_{ij}c_{ij}a}{\alpha}\right)^{-\varepsilon}\frac{\theta_s Y_i}{P_{is}^{1-\varepsilon}} \tag{10}$$

$$r_{ijs}(a)=\left(\frac{\tau_{ij}c_{js}a}{\alpha P_{is}}\right)^{1-\varepsilon}\theta_s Y_i \tag{11}$$

$$\pi_{ijs}(a)=(1-\alpha)\left(\frac{\tau_{ij}c_{js}a}{\alpha P_{is}}\right)^{1-\varepsilon}\theta_s Y_i-c_{js}f_{ij} \tag{12}$$

由于企业生产效率提高会促使利润增加，以及贸易的进行必然引致固定成本增加，因此所有生产率在特定水平上的企业可以在出口中获利，λ_{js}若为 1 则为标准梅里兹模型的表达，且生产率门槛值$\frac{1}{a_{ijs}^*}$可以由 $r_{ijs}(a_{ijs}^*)=\varepsilon c_{js}f_{ij}$得到，即当满足如下条件时，生产率临界值为$\frac{1}{a_{ijs}^*}$：

$$r_{ijs}(a_{ijs})=\left(\frac{\tau_{ij}c_{js}a_{ijs}}{\alpha P_{is}}\right)^{1-\varepsilon}\theta_s Y_i=\left(1-d_s+\frac{d_s}{\lambda_{js}}\right)\varepsilon c_{js}f_{js} \tag{13}$$

以上表示出口商生产率临界值的表达式表明，在考虑绿色贸易融资行为后，λ_{js}与 $r_{ijs}(a_{ijs})$ 呈反向相关关系表明，当绿色贸易融资的利率优惠因子越小时，只有生产率越高的企业才能够进行出口，因此，仅从生产率角度考虑，绿色贸易融资的强度可以有效降低出口商绿色贸易行为的门槛，刺激更多生产率达到门槛值的企业进行绿色贸易，为绿色贸易的发展起到关键性的推动作用，并可以进一步带来出口总量增加、环境改善等一系列联动效应。

五、绿色贸易融资的实践

从绿色贸易融资的业务标准角度出发，作为全球领先的银行业规则制定机构国际商会（ICC）银行委员会正在通过探索如何设计一个“可持续贸易原则”系统在行业从业者中试图达成“绿色金融”或“可持续贸易”的共识。① 这些探索绿色和可持续实际意义的努力不仅促进更多的企业和金融机构进行绿色贸易活动而且加速经济社会的绿色转型。为此，国际商会（ICC）银行委员会主办了一个“可持续贸易融资工作组”，该工作组汇集了行业参与者，以促进宣传工作并提高贸易融资市场的可持续性意识。根据国际商会银行委员会2018年巴黎发布的2018年度全球贸易金融调查报告——《全球贸易：保障未来增长》，其将可持续贸易定义为“能够在推进全球可持续发展的同时，符合使各方获益、并使负面影响最小化的环境、社会和经济标准的大宗商品、货物和服务买卖的商业行为或活动”，进一步将可持续贸易融资定义为：为在生产过程中对环境、社会的不利影响和风险最小化的，或是促进了环境保护或社会福利的货物或服务提供的金融支持。

为了探究金融部门为可持续贸易助力的主要领域，可持续贸易融资工作组又被划分为三个分组，其中第一分组负责研究标准、商标和认证。许多商标和认证机构要求向农民、符合国际惯例的劳动法以及环境保护支付公平报酬。银行面临的挑战在于评估众多认证方案中何种方案具有有效降低相对高风险的标准。工作小组已经认

① Trade Ready, How banks can lead the way to sustainable trade [EB/OL]. (2017 – 11 – 03) [2020 – 08 – 02]. http://www.tradeready.ca/2017/topics/international – trade – finance/banks – can – lead – way – truly – sustainable – trade.

识到拥有一套完整的自动化的尽职工具的必要性，该工具能够放大、超越现有数据基础和分析方法的作用。全球农业商品生产环境和社会风险地图（GMAP）由国际金融公司和世界自然基金会共同开发，该地图使用户能够查询到某个具体产品是否对原产地造成了社会和环境危害。多个地区的高风险大宗商品包括大豆、棉花、可可豆、咖啡豆和棕榈油。应用GMAP分析系统时，用户可以通过选择国家和商品的组合，可以直观看出分析应用给出的风险分数、分析报告、风险管理指南，以及在全球贸易中心可持续地图数据库中相关的可持续标准的清单。其中，各个评价指标的选取来自国际金融公司（IFC）绩效标准（Performance Standard）的第2版和第6版，风险分数共有低风险和高风险两类，分别为0分和100分，并以绿色和红色区别开来。通过阅读报告可以理解风险分数如何打出，并了解商品生产的更详细信息以及如何管理生产风险，表1解释了更为详细的打分结果，且GMAP附有每一项打分的详细解释供查询用户知晓。通过与这些国际组织合作，工作小组将设计出一个单一完整工具的概念验证，该工具可使银行人员很容易地检查社会和环境风险，以及评估某一认证要求是否能将这些风险降到最低。该信息应能帮助银行决定是否进行一笔交易，该交易涉及的大宗商品产于有高风险历史的国家。第二分组制定关于分析贸易金融社会和环境风险的最佳方法的指引。和受益于赤道原则指导的项目融资以及由绿色债券准则支持的绿色债券市场不同，贸易金融行业尚无关于评估可持续性的指引图。为强调这项需求，工作小组设计了一份内容详细的调查表，相关银行可将其融入对客户的尽职调查过程中，作为对现有风险管理和现有客户尽职审核的补充，并可用于检验顾客的可持续政策和在环保领域的承诺与实践，通过这些信息，银行可以采取相应的体现其风险偏好的内部政策。第三分组的工作是就可持续贸易对银行人员展开教育和培训。国际商会银行委员会中的国际发展银行开发了教育项目，受益于此，工作小组正在收集材料和培训模板，这些材料和培训模板将促进银行和其客户应用可持续政策和进行实践。该分组还在为贸易金融专家们开发教育工具，该工具强调了与交易相关的潜在可持续风险，并介绍了用以降低这些风险的指引的使用方法。银行人员从而可以和其企业客户就可持续贸易金融中的共同利益进行深入交谈。①

表 1　　GMAP 分析系统中风险程度打分表及得分表

项目	考核方向	得分	哥伦比亚（可可豆）	中国（菜籽）	赞比亚（小麦）
1	雇佣童工	84（红色—较高风险）	96	84	84
2	童工相关法律	88（红色—较高风险）	72	88	88
3	利用强迫劳动	72（绿色—较低风险）	88	72	92
4	强迫劳动相关法律	88（红色—较高风险）	32	88	92
5	生产条件	36（绿色—较低风险）	68	36	32
6	保护工人重大安全问题的相关法律	72（绿色—较低风险）	52	72	88
7	侵占自然区域的比率	20（绿色—较低风险）	88	20	88
8	对保护区的影响	32（绿色—较低风险）	52	32	52

① 《国际商会 2018 年全球贸易金融调查报告》，http：//www. ccoic. cn/cms/content/16100。

续表

项目	考核方向	得分	哥伦比亚（可可豆）	中国（菜籽）	赞比亚（小麦）
9	存在和影响较高的或独特的陆地生物多样性	92（红色—较高风险）	88	92	88
10	存在和影响较高的或独特的淡水生物多样性	100（红色—较高风险）	72	100	68

六、"一带一路"与绿色贸易融资发展的潜在问题与未来前景

中国企业"走出去"的步伐日益加快，在开展绿色金融、绿色贸易、贸易融资相关业务活动中，各种问题和弊端也不断凸显，尤其是由于"一带一路"沿线国家政治、经济、文化和法律环境存在差异，使得有关金融机构和企业在开展业务过程中，对东道国特有的环境和社会风险认识不足，一旦处理不当，则会产生潜在的矛盾和危机，甚至升级为与当地利益相关方的摩擦与冲突。在这种背景下，在"一带一路"沿线国家发展和推广绿色贸易融资，更是困难重重：（1）相关企业环境意识较弱：在与"一带一路"沿线国家开展贸易活动中，一些企业仅仅着眼于当下利润增长，对于东道国和本国环境和社会问题缺乏重视，导致企业对于绿色贸易融资参与度不高。（2）对东道国的国情了解不深：企业在进行跨国

贸易或者融资时，容易出现缺少应有的国际化水准、治理经验和文化沟通，不熟悉东道国的法律法规、风俗习惯和价值观的情况，而是将国内管理经验照搬到其他国家，缺乏“本土化战略”，忽视了中国和东道国在国情方面对的诸多差异，这种缺陷在进行绿色贸易融资时会更为凸显，从而对相应融资活动的进行造成阻碍。(3) 各国对环境和绿色发展的认知程度和优先等级不同，比如，表现在气候变化应对的国内减排承诺中，代表全球 189 个国家的 162 份已经提交的国家自主贡献并没有包括所有的“一带一路”沿线国家。(4) 国际组织的环境治理组织能力有限：以在国际贸易中对环境做出普遍认可规定的世界贸易组织来说，尽管是全球影响力最大和参与程度最高的国际组织，但其在“一带一路”沿线国家仍表现出不足，尽管各方努力推动，但截至 2016 年 8 月，仍有 11 个沿线国家不是世界贸易组织成员。(5) 在“一带一路”涉及区域内缺乏共同认可的环境治理国际规范和规则，这也就意味着与贸易相关的环境问题不能得到统一标准规范。(6) 缺乏融资资金，由于“一带一路”沿线国家主要为发展中国家和不发达国家（其中 9 个国家为联合国最不发达国家名录国家），国内资本不足，因此可能流向“一带一路”沿线国家的资金十分有限。

绿色贸易融资作为一个全新的概念，其在“一带一路”沿线国家的推广与建设中具有一定的难度，现阶段来说，建议可以从以下途径入手，探索发展的途径或接口：

（一）开展环境影响评估

“一带一路”倡议实施中的投融资绿色化问题是中国深化与沿线国家和地区合作的必要与重要选择，也是涉及国家利益与形象的重大关切问题。且“一带一路”沿线国家和地区生态环境较为脆弱，加之众多国家环境管理基础较为薄弱，因此以高耗能产业为主的投资活动将存在较高的环境风险与影响。而绿色贸易融资作为一个侧重于实际应用的全新的经济概念，其兴起之初必然会吸引众多相关金融机构等投资者的关注，但是由于存在分析能力的不足和信息的不对称，投资者难以识别和量化该项目中存在的风险、收益和环境风险，因此对于进一步资本的注入持有观望态度。对此，开展环境影响评估是中国积极推动绿色发展的重要环境管理工具，以及开展绿色贸易融资活动的基础与关键环节，通过鼓励企业积极履行在环境保护方面的社会责任，在投融资活动中执行不低于中国的环境影响评估体系与标准，可以有效从源头保护东道国生态环境以及规避海外投资的环境风险，对于推动绿色“一带一路”的建设以及提升“一带一路”绿色发展的国际影响力具有重要意义。例如，2019 年 4 月 22 日“一带一路”绿色发展研究项目（简称绿色带路项目）发布的《“一带一路”重点区域（国家）环境影响评价体系研究报告》选取了巴基斯坦、孟加拉国和越南三个“一带一路”重点合作国家，在水泥、钢铁、电力等高耗能项目和工业园区现场调研的基础上，深入研究了所在国环境影响评价制度和执行要求，并与中国的环评体系进行了比较分析。该报告总结了现有成功经验和存在的问题，提出了加强对外投资与项目建设环评工作的对策建议，包括对不同东道国的具体情况采取差异化措施。①

（二）利用“一带一路”多边机制开展合作

目前“一带一路”倡议设计区域中已经存在的一些多边合作机制——中国—东盟“10 +1”、上海合作组织（SCO）、亚欧会议（CICA）、中阿合作论坛、中国—海合会战略对话、大湄公河次区域（GMS）经济合作、中亚区域经济合作（CAREC）等，涵盖了战略安全、区域经济等中国领域。且“一带一路”相关区域已经形成的双边及多边金融机制，包括东亚及太平洋中央银行行长会议组织（EMEAP）、东盟与中日韩（10 +3）金融合作机制、中日韩三国央行行长会议机制、东南亚中央银行组织（SEACEN）、中亚、黑海及巴尔干地区央行行长会议组织和上海合作组织财长和央行行长会议。据不完全统计，目前“一带一路”概念下，已经形成了包括亚洲基础设施投资银行、金砖国家新开发银行、丝路基金、上合组织发展基金和上合组织开发银行、上合组织银联体、中亚 - 欧亚经济合作基金、亚洲区域合作专项资金和中国—东盟海上合作基金在内的众多投融资平台机制。因此，可在以上组织或合作机制的基础上，逐步推行绿色贸易融资的概念，通过分别对该问题进行探讨，不断达成组织内、组织间、机构间或区域内的共识，推动绿色

① 《从源头保护“一带一路”沿线国家的生态环境》，http：//www.in - en. com/article/html/energy - 2279279. shtml。

贸易融资在“一带一路”沿线国家从0到1的发展。且中国金融学会绿色金融委员会与伦敦金融城绿色金融倡议已于2018年11月共同发布一套自愿原则，即《“一带一路”绿色投资原则(GIP)》，该文件通过呼吁在“一带一路”沿线地区投资和经营的贷款方、投资方和企业应确保其项目符合环境可持续性和《巴黎协定》的要求，并建议企业采取行动将ESG因素纳入公司治理，测量和揭露环境和气候信息，并充分利用绿色金融工具，为绿色贸易融资的推行提供了重要的指引方向。

（三）探索设立“一带一路”绿色贸易融资专营机构

“绿色金融”有效实施离不开政府的辅助，原因在于，金融支持生态文明建设实践中往往要承担比一般商业性金融更高的运作与运营成本，此外，金融支持生态文明建设的运作和有效实施往往需要相互配套的环境法规和政策及其相关的行业技术标准作为基础。因此需要以财政或政策性金融为支撑，借助市场化运作中一些机制而形成一种政策推动型金融手段。鉴于各国国情各异、投资者和金融机构对于绿色贸易融资的兴趣不足、资产定价等诸多难题，有必要由政府作为发起人组建专业从事绿色贸易融资的银行或机构，建立专业化的产品与服务评估体系，并形成专业能力、系统、数据库等方面的规模效益，实质性推动绿色贸易融资的增长。对此，可参考德国政府支持的国家政策性银行——德国复兴银行的形式，运用资本市场和银行运作来实施对环境项目的金融补贴政策。德国复兴信贷银行在国际资本市场上进行融资，德国政府负责对其融资资金进行贴息并打包形成可持续金融产品。德国复兴信贷银行测算出盈利利率和优惠汇率，将从资本市场融来的资金开发成长期、低息的金融产品销售给各商业银行，商业银行获取低息金融产品后根据微利的原则再适度调整利率，然后以优惠的利息和贷款期限为终端客户提供支持环保、节能和温室气体减排的可持续金融产品和服务。

参考文献

[1] 陈经伟、姜能鹏、李欣：《“绿色金融”的基本逻辑、最优边界与取向选择》，载《改革》2019 年第 7 期。

[2] 马骏：《金融业如何推动“一带一路”绿色化发展》，载《当代金融家》2019 年第 7 期。

[3] 钱立华：《我国银行业绿色信贷体系》，载《中国金融》2016 年第 22 期。

[4] 孙瑾、丁冉、李传仁：《我国绿色贸易融资的发展》，载《新理财（政府理财）》2019 年第 6 期。

[5] 王海芹、高世楫：《我国绿色发展萌芽、起步与政策演进：若干阶段性特征观察》，载《改革》2016 年第 3 期。

[6] 王文、曹明弟：《绿色保险护航“一带一路”建设》，载《中国金融家》2018 年第 1 期。

[7] 兴业银行绿色金融编写组：《寓义于利——商业银行绿色金融探索与实践》，中国金融出版社 2018 年版。

[8] 张辉、唐毓璇、易天：《一带一路——区域与国别经济比较研究》，北京大学出版社 2017 年版。

[9] Manova K. 2013：Credit Constraints，Heterogeneous Firms，and International Trade，

The Review of Economic Studies, Vol. 80, No. 2.

[10] Matías B., 2003: Financial Contractibility and Asset Hardness, Los Angeles: University of California.

[11] Melitz M. J., 2003: The Impact of Trade on Intra-Industry Reallocations and Aggregate Industry Productivity, Econometrica, Vol. 71, No. 6.

[12] Raghuram G. R. and Luigi Z., 1998: Financial Dependence and Growth, American Economic Review, Vol. 88, No. 4.

[13] Raymond F. and Inessa L., 2007: Financial Development and Growth Revisited, Journal of the European Economic Association, Vol. 5, No. 2.

The Belt and Road Initiative and Green Trade Financing: Connotation, Mission and Prospect

Sun Jin　Ding Ran　Yang Qiannan

Abstract: Green trade financing is a trade financing method adopted to encourage international trade of environmental products and guide enterprises to carry out green production. The countries along the "Belt and Road" generally have a fragile ecological environment and an extensive economic development model with high energy consumption and the implementation of green trade financing in China and the countries along the "Belt and Road" has a high degree of financial, environmental protection and trade necessity and importance. Therefore, it is necessary to carry out green trade financing practices within the framework of the "Belt and Road" multilateral governance through carrying out environmental impact assessments, using the "Belt and Road" multilateral mechanism for cooperation, and exploring ways to establish "Belt and Road" green trade financing franchises.

Key words: The Belt and Road Initiatives; Green Trade Finance; Green Development

数字普惠金融、人口流动与产业发展

——基于我国省际面板数据的实证研究

吴　竞*

摘要：本文主要研究数字经济背景下，数字普惠金融、人口流动和物质资本对不同区域三大产业发展的影响。基于外生经济增长理论，本文将产业发展划分为产业增长和产业结构高级化，研究上述具体的影响机制。结果表明，总体上，数字普惠金融发展主要促进了第三产业的增长，有利于地区产业结构高级化，而对第一、二产业的增长有一定挤出效应；人口流入对西部地区第三产业增长的促进作用最突出；资本存量提高有利于中部和东部地区第三产业的增长。基于此，应加强数字普惠金融与第一、二产业的联系，因地制宜制定可持续的产业和人才政策。

关键词：数字普惠金融　人口流动　产业发展

---

* 吴竞，外交学院国际经济学院。

一、问题的提出

普惠金融，是指立足机会平等要求和商业可持续原则，以可负担的成本为有金融服务需求的社会各阶层和群体提供适当、有效的金融服务。随着信息技术的飞速发展，在“互联网+”的大数据时代，数字普惠金融是金融发展方式的创新，同时也促进了以金融服务业为主导的第三产业的发展。大力发展普惠金融，是我国全面建成小康社会的必然要求，有利于促进金融业可持续均衡发展，推动大众创业、万众创新，助推经济发展方式转型升级，增进社会公平和社会和谐。①

中国在普惠金融方面已经取得了巨大进步，主要成就包括：建设了强大的金融基础设施，降低了借贷双方之间的信息不对称性，实现了资金在个人、企业及政府之间的安全、高效流动。中国建立了世界上规模最大的代理服务网络之一——助农取款服务网络，扩大了正规金融部门的服务范围，使其能够拓展到金融服务不足的农村地区。新的金融产品和服务日益通过数字业务模式提供，消费者对这些新产品和服务表现出强烈需求，就账户拥有率这一普惠金融基础指标而言，中国与其他 G20 国家不相上下。②

---

① 《国务院关于印发推进普惠金融发展规划（2016～2020 年）的通知》，http：//www. gov. cn/zhengce/content/2016 －01/15/content_10602. html 2015. 12。

② 世界银行、中国人民银行：《全球视野下的中国普惠金融：实践、经验与挑战》，中国金融出版社 2019 年版。

而随着数字普惠金融的发展，发生在城乡和区域间的人口流动是当今社会最突出的现象之一。区域间的人口流动为迁入地输送了劳动力，改变了地区间人力资本的分布。根据经济增长理论，当地区资本和劳动力发生改变时，会影响总产出。基于此，本文试图考察数字普惠金融带来的金融变革对于产业发展有何影响，并且结合人口流动和物质资本投资，考察在经济增长视角下产业发展的情况。而由于我国区域发展不平衡，各地区金融发展和产业发展水平存在较大差异，本文将划分东、中、西三大区域和三大产业，具体研究上述影响机制。

二、文献综述

本文主要研究数字普惠金融、人口流动对产业发展的影响机制。

首先，梳理金融与产业发展的关系，金融发展对于产业发展具有促进作用。熊彼特（Schumpeter，1934）研究了银行金融活动对产业发展的机制，即银行的自身的信用创造功能可以使资金连续地投入各个创新领域，这有利于产业结构的升级和经济的增长。此后，肖恩（Shaw，1969）、哥德史密斯（Goldsmith，1969）、金农（Kinnon，1973）、梅耶（Mayer，1990）、莱文和金（Levine & King，1993）、林恩和赫尔曼（Rin & Hellmann，2002）等通过一些研究也都一致认为金融发展在经济发展的进程中在资源配置和经济结构变动方面起到了积极的促进作用。

相关实证研究方面，巴杰特（Bagehot，1873）提出金融体系提供项目融资，促进了英国工业革命的进程，对于英国产业发展具有促进意义。布尔霍普（Burhop，2006）在对1851～1913年间德国经济发展史的研究中发现，德国的金融产业引导了德国工业的发展，验证了金融主导经济发展的假说。塔德赛（Tadesse，2007）利用38个国家的面板数据进行实证分析，发现金融的发展促进了科技的创新，进而提高了生产效率，带动了产业结构的升级，最终推动了经济的发展。撒西哈兰（Sasidharan，2014）对1991～2011年间印度工业领域企业的融资环境进行研究，发现金融发展使企业的融资更加便捷，促进了企业对研发的投入，带动了企业的发展和产业结构升级。普拉丹（Pradhan，2015）对亚洲国家的金融发展对通信产业发展的关系进行了研究，发现金融的发展明显地改善了基础设施建设的融资环境，进而提升通信产业的服务水平，推动了整个产业的升级。金洪（2019）以长三角为例，研究了金融产业对于高新技术发展的促进作用。王勤、李灿江（2019）基于A－U模型研究金融对于传统产业创新驱动升级路径。龙云安等（2019）以成渝城市群为例，具体研究了金融深化、金融聚集对产业升级的影响方式。

其次，考察数字普惠金融对产业发展的影响。卡普尔（Kapoor，2013）发现数字金融可以促进经济增长。博伦和洛夫（Bruhn & Love，2014）认为，普惠金融通过提高金融服务的覆盖广度优化了资金在产业间的配置，进而促进了产业结构升级。谢绚丽等（2018）利用中国数字普惠金融指数，结合区域层面的企业创新数据，证实了数字金融的发展促进了企业创新。唐文进等（2019）同样利用该指数进行门槛回归，研究区域差异下数字普惠金融对产业结构升级的影响机制，其结论为数字普惠金融对西部地区产业发展积极影响最大，但并未分产业类别具体研究各个产业影响情况。周超（2019）研究了普惠金融和银行业结构对三大产业发展的影响，并定义普惠金融以惠农贷款为主，得出普惠金融对第一产业发展贡献最大的结论。

最后，考察人口流动对产业发展的影响。对于人口流动，刘易斯（Lewis，1954）通过二元经济模型得出，城乡收入差距是剩余劳动力转移的主要动力。托达罗（Todaro，1969）在其基础上提出预期城乡收入差距才是引导劳动力转移的主要原因。国内关于人口流动与产业发展的研究多以具体问题为背景。谭林（2017）研究了农村劳动力流动与三次产业结构调整的关系。梁向东（2017）考虑微观个体决策下，人口流动和产业比例的关系。丁天明（2019）基于时空演化机制，分析人口流动对商贸产业的影响。王炜等（2019）以东三省为例，研究人口流动与产业结构演进关系，针对劳动力缺失提出对策。

综上，本文的创新点在于，在区分区域和产业类别的同时，研究数字普惠金融对产业机构升级的影响。本文基于外生经济增长模型，研究人力资本、物质资本积累和数字普惠金融对产业增长和结构高级化的影响，具体考察对各地区产业影响的大小和方向。

三、理论分析和研究假设

（一）理论分析

为了反映数字经济发展、人口流动对于产业发展的作用，本文基于索罗增长模型，将数字经济发展水平考虑在内，构造如下的理论模型。

假设经济体中只有两个组成部分，企业和消费者。

$$Y = C + I$$

对于企业，按照规模报酬不变的生产方式生产，企业采用科布－道格拉斯生产函数，即对于j行业第i企业有：

$$Y_i = AK_i^a L_i^b (a + b = 1)$$

其中，A表示地区数字经济发展水平，K表示资本投入数量，L表示劳动力数量。企业受到预算约束如下：

$$Y_i = rK + wN$$

在当期，经济利润非负时企业会选择投资，用来弥补固定资产损耗和扩大生产规模，下一期资本存量可以表示为：

$$K_{t+1} = (1 - d) K_t + I$$

其中，d为折旧率，I表示当期增加的投资。

对于消费者，其面临消费、储蓄和工作、闲暇决策，假设经济体共有N个消费者。在跨期情况下，N个消费者总消费为：

$$C = (1 - s) Y$$

考虑地区主导产业不同，消费者根据期望收入不同选择流动，则可以把地区消费者数量表示为该地区总产出的函数，即：

$$N = N(Y)$$

其中，总消费为C，储蓄率为s，总产出为Y。在两部门经济中，市场出清的均衡条件为：

$$S = sY = I$$

假设数字经济发展水平 A 是外生的，与企业资本和人力投入没有直接关系。某地区某产业传布企业均遵守上述生产函数，则加总可以得到 j 产业生产函数：

$$Y_j = AK_j^a L_j^b (a + b = 1)$$

满足关系如下：

$$Y_j = \sum_i^n Y_i$$

相邻两期资本增加量为：

$$\Delta K = K_{t+1} - K_t = -dK_t + sY$$

则人均资本增加量可以表示为：

$$\frac{\Delta K}{N} = sy - dk$$

令人均资本存量水平为 k，有：

$$k = \frac{K(t)}{N(t)}$$

则人均资本存量增加量 Δk 可以表示为：

$$\Delta k = sk^a - (d + n)k$$

其中，n 为人口增长率，受地区收入水平影响。根据上式，$sk^a > (d+n)k$ 时，人均资本存量增加，且地区人口增长率 n 也增加。在稳定状态时，$\Delta k = 0$，即人均资本存量增加量为 0。根据理论模型，对于产出绝对值的增长，可以通过资本投入 K、劳动力投入 L 的增加和数字经济发展水平 A 提高实现。

产业发展的方向是从第一产业为主逐渐过渡到第二、三产业为主。且当今主要发达国家主导产业为第三产业，基于此，为了衡量产业结构变化，本文借鉴赵勇（2015）、干春晖等（2011），采用第三产业与第二产业之比来衡量产业结构高级化，即产业高级化指数：

$$ois = \frac{Y_3}{Y_2}$$

为了保证结果可靠性，需要控制其他可能影响数字普惠金融、人力资本和物质资本的因素。以模型为例，考虑教育水平、失业率、技术发展水平、地区劳动力数量和地区人均收入水平的影响。

因此，根据理论分析，本文从产业增长和产业机构高级化两个维度，考察数字经济、人力资本和物质资本存量对于产业发展的影响，人力资本方面重点考察受地区收入差异导致的人口流动影响，本文理论框架如图 1 所示。

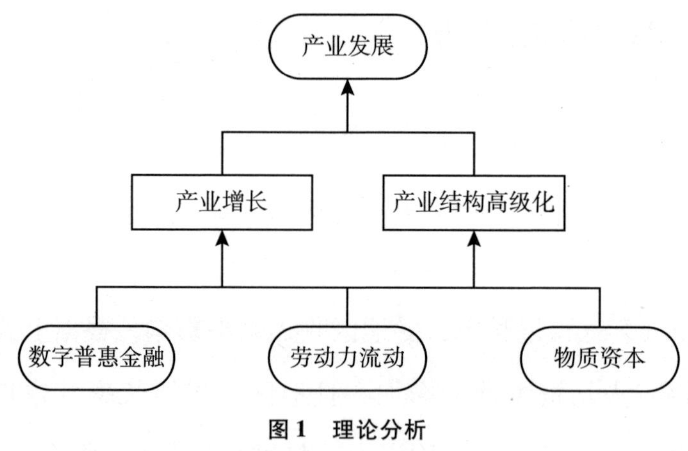

图 1　理论分析

（二）研究假设

基于理论和现状分析，提出研究假设：

假设（1）：数字普惠金融发展、人口流入对地区各产业增长有促进作用；

假设（2）：数字普惠金融发展、人口流入有利于地区产业结构高级化；

假设（3）：上述影响因地区主导产业不同，存在区域差异。

四、研究对象描述

本文的研究对象主要是地区数字普惠金融发展水平、人口流动和各产业增长、产业机构高级化。以下说明其内涵和数据来源。

（一）数字普惠金融

数字普惠金融可以定义为能有效和全方位地为社会所有阶层和群体提供服务的金融体系。本文使用中国数字普惠金融指数来描述中国数字金融的发展概况。该指数由北京大学数字金融研究中心和蚂蚁金服集团共同编制。

该指数采用了蚂蚁金服的交易账户大数据，具有相当的代表性和可靠性，其包括覆盖广度、使用深度和数字支持服务程度三方面。覆盖广度主要通过电子账户数（如互联网支付账号及其绑定的银行账户数）等来体现；使用深度依据实际使用互联网金融服务的情况来衡量，包括支付业务、信贷业务、保险业务、投资业务和征信业务等，既用实际使用人数，也用人均交易笔数和人均交易金额来衡量；数字服务支持方面，便利性和成本是影响用户使用金融服务的主要因素。

具体地，如图 2 所示，总体上全国各省市普惠金融数字化指数不断上升，东部地区总体水平较中西部高，未来中西部普惠金融服务仍有较大发展潜力。

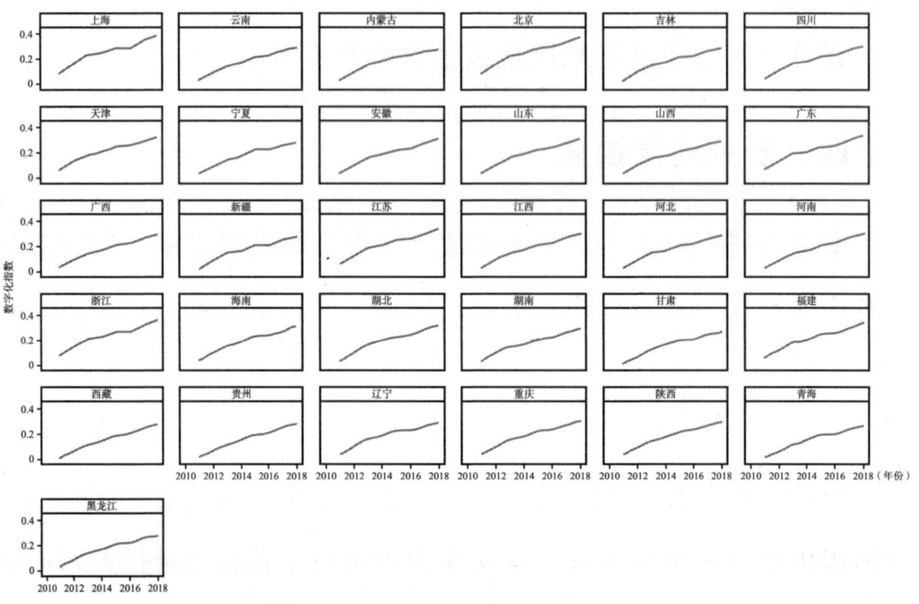

图 2　2010～2018 年地区普惠金融数字化指数

（二）人口流动

我国人口流动现象的制度根源包括户籍类型差异和户籍地点差异，并分别造成了劳动力市场城乡分割和本地外来的分割。为了从全国总体的角度研究人口流动现象，本文重点考察省份间的人户分离，构建各省份“人口迁入率”指标，数据来源为 2011～2019 年①各年《中国统计年鉴》参照国家统计局说明并考虑数据可得性，

① 计算期数据需要在计算期加 1 年的统计年鉴中查询，而在人口迁入率中需要考虑计算期初期人口，故需在计算期减 1 年的统计年鉴中查询。

指标计算原理为：

（1）人口迁入数=驻本乡、镇、街道，户籍在外乡、镇、街道，户籍登记水平超过半年的人口数=地区人口总数-地区城镇常住人口数-户口待定人口数-本地户口居住在港澳台或国外人口数

（2）人口迁入率=报告期人口迁入数/上年该地区人口总数

需要说明的是：（1）本文将人口数除以抽样比得到近似的地区人口实际数，部分地区如西藏抽样调查人数较少，由此可能存在一定调查误差；（2）依照国家统计局的说明，流动人口不包括市辖区内人户分离的人口，为了获得最接近实际的人口迁入数，本文计算时去除户口待定人数，由此存在一定误差；（3）人口迁入率按照计算期该地区迁入人口总量除以该地区初期人口总量计算。

具体地，如图3所示，2011年来，东部地区（如北京、上海）人口迁入率总体较高，且有一定下降的趋势；西部地区（如西藏、云南）人口迁入率低，其余大部分省份人口迁入率总体稳定。

（三）产业增长和产业结构高级化

为了描述产业增长，本文使用各产业占GDP比重衡量各产业总量水平，具体利用国家统计局各产业占当年GDP比重数据衡量。产业结构高级化使用第三产业占GDP比重除以第二产业占GDP比重计算所得。

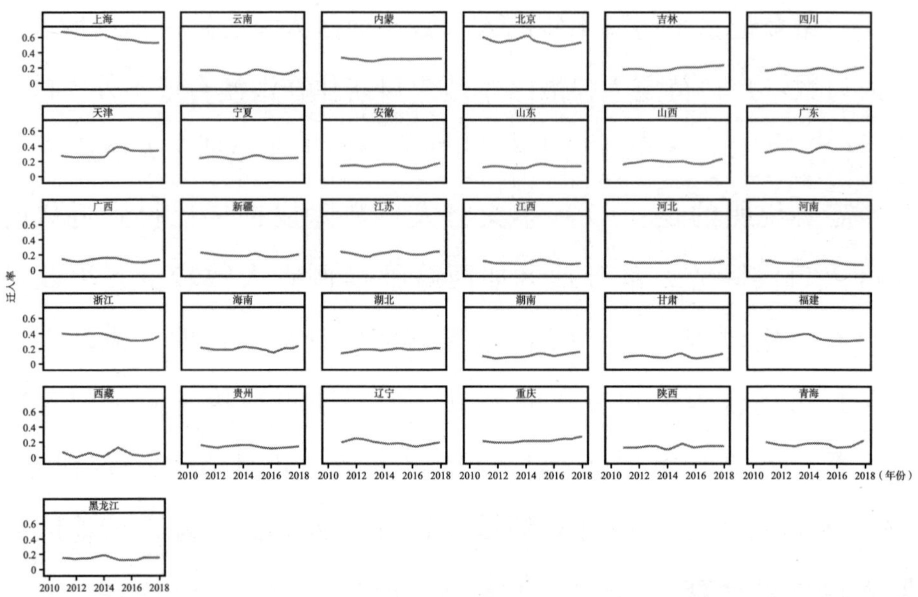

图 3　2010～2018 年地区人口迁入率

具体地，如图 4、图 5 和图 6 所示，东部地区 2011 年后第三产业超越第二产业成为主导产业，此后第三产业维持不断上升的趋势，其余第一、二产业比重不断下降。中部和西部地区 2015 年后第三产业占比超过第一、二产业，并不断上升。对比三个地区，东部地区以第三产业为主导，中西部第二、三产业差距较小，有逐渐扩大趋势，西部地区第一产业占比为区域最高。总体上，我国大陆各区域产业结构不断向第三产业为主导转变，日趋高级化。

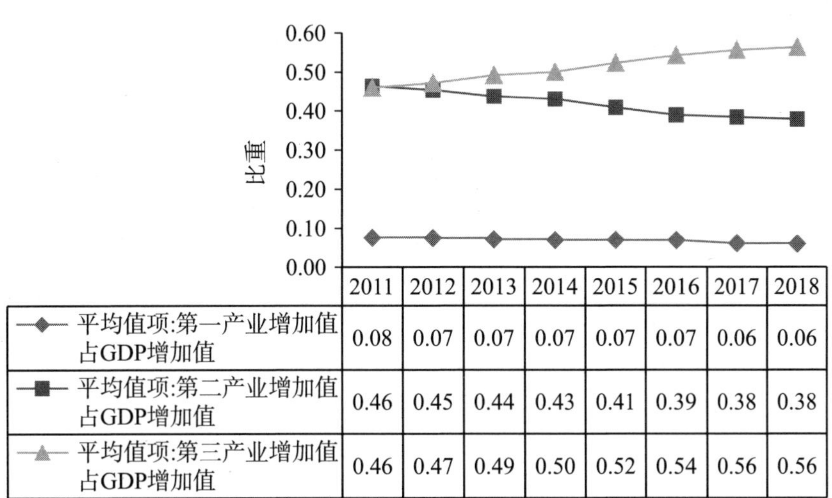

	2011	2012	2013	2014	2015	2016	2017	2018
平均值项:第一产业增加值占GDP增加值	0.08	0.07	0.07	0.07	0.07	0.07	0.06	0.06
平均值项:第二产业增加值占GDP增加值	0.46	0.45	0.44	0.43	0.41	0.39	0.38	0.38
平均值项:第三产业增加值占GDP增加值	0.46	0.47	0.49	0.50	0.52	0.54	0.56	0.56

图 4　2011～2018 年东部地区三类产业增长趋势

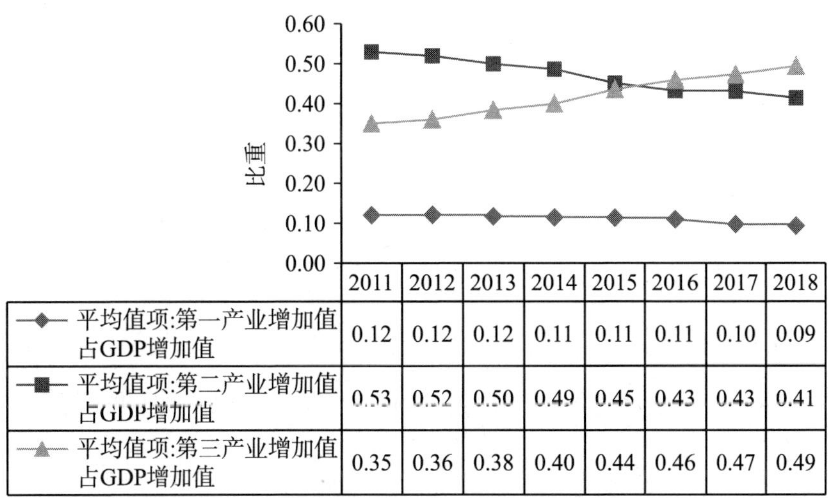

	2011	2012	2013	2014	2015	2016	2017	2018
平均值项:第一产业增加值占GDP增加值	0.12	0.12	0.12	0.11	0.11	0.11	0.10	0.09
平均值项:第二产业增加值占GDP增加值	0.53	0.52	0.50	0.49	0.45	0.43	0.43	0.41
平均值项:第三产业增加值占GDP增加值	0.35	0.36	0.38	0.40	0.44	0.46	0.47	0.49

图 5　2011～2018 年中部地区三类产业增长趋势

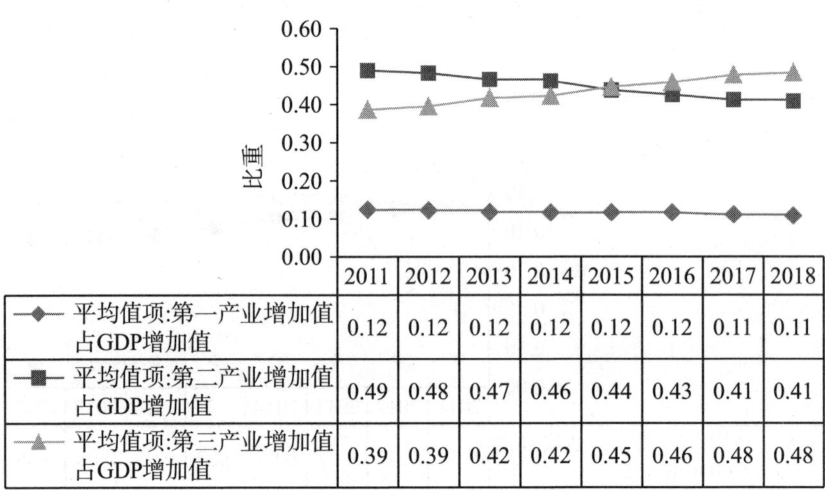

	2011	2012	2013	2014	2015	2016	2017	2018
平均值项:第一产业增加值占GDP增加值	0.12	0.12	0.12	0.12	0.12	0.12	0.11	0.11
平均值项:第二产业增加值占GDP增加值	0.49	0.48	0.47	0.46	0.44	0.43	0.41	0.41
平均值项:第三产业增加值占GDP增加值	0.39	0.39	0.42	0.42	0.45	0.46	0.48	0.48

图 6　2011～2018 年西部地区三类产业增长趋势

五、模型设定、数据和平稳性检验

（一）模型设定

为了检验假设（1）和假设（3），设定模型一：

$$G_{j,i,t} = \beta_0 + \beta_1 DIG_{i,t} + \beta_2 M_{i,t} + \beta_3 R_{i,t} * M_{i,t} + \beta_4 INV_{i,t} + \beta_5 R_{i,t} * INV_{i,t} + \beta_6 X_{i,t} + \varepsilon_{i,t}$$

其中，$G_{j,i,t}$表示 t 年 i 地区第 j 产业的增长水平。$DIG_{i,t}$表示 i 地区 t 年的数字普惠金融指数；β_1 表示数字普惠金融指数每增加一单位所带来的 i 地区第 j 产业占 GDP 比重的变化，根据理论分析，β_1 应显著为正。$R_{i,t}$设定为虚拟变量，表示区域经济发展水平，本文以东部地区为参考系，采用以西部和中部两个虚拟变量来表示。$M_{i,t}$表示人口流动，衡量指标为地区人口迁入率。$\beta_2 + \beta_3$ 表示 i 地区人口迁入率每增加一单位所带来的产业占 GDP 比重的变化，根据理论分析，$\beta_2+\beta_3$ 应显著为正。其中，东部地区人口流动对产业增长的边际影响为 β_3，中西部地区人口流动比例增加一个单位所带来的产业占 GDP 比重提高 $\beta_2+\beta_3$ 单位。$INV_{i,t}$表示地区投资水平对产业占 GDP 比重的影响，$R_{i,t}*INV_{i,t}$考虑了地区差异的影响，按照理论分析，$\beta_4+\beta_5$ 应非负。$X_{i,t}$为控制变量，包括教育水平、失业率、技术发展水平、地区劳动力数量和地区人均收入水平。$\varepsilon_{i,t}$为随机误差项，服从正态分布。

模型二旨在检验假设（2）和假设（3），研究上述因素对产业结构高级化的影响。具体设定如下：

$$ois_{i,t}=\beta_0+\beta_1 DIG_{i,t}+\beta_2 M_{i,t}+\beta_3 R_{i,t}*M_{i,t}$$
$$+\beta_4 INV_{i,t}+\beta_5 R_{i,t}*INV_{i,t}+\beta_6 X_{i,t}+\varepsilon_{i,t}$$

由于存在区域差异，引入地区虚拟变量交互项，预计各项系数为正。

（二）数据

为了估计模型，在考虑数据可得性情况下，本文选取了 2011～2018 年全国大陆地区 31 个省份关于数字普惠金融、人口流动、固定资本存量和产业增长的数据集，核心变量特征如表 1 所示。

表 1　　模型中核心变量描述性统计

核心变量	指标	观测数	平均值	标准差	最小值	最大值
数字经济发展水平	数字普惠金融指数占比	248	0.187	0.085	0.016	0.378
资本存量	固定资产存量占比	248	0.032	0.021	0.002	0.089

续表

核心变量	指标	观测数	平均值	标准差	最小值	最大值
人口流动	人口迁入率	248	0.209	0.123	0.006	0.660
第一产业增长	第一产业占 GDP 比重	248	0.098	0.050	0.003	0.261
第二产业增长	第二产业占 GDP 比重	248	0.443	0.084	0.186	0.590
第三产业增长	第三产业占 GDP 比重	248	0.459	0.094	0.297	0.810
产业结构高级化	产业结构高级化指数	248	0.114	0.063	0.052	0.435

（三）平稳性检验

本文进行了面板数据单位根和协整检验，检验结果表明数据不存在单位根，符合趋势项平稳，回归结果具有有效性。

1. 单位根检验

本文应用了三种单位根检验方法对本文模型中所使用的变量进行检验，结果除最后一种方法外，所有变量均拒绝存在单位根的原假设。本文用到的检验方法有 LLC 和 ADF – Fisher 卡方独立性检验，表 2 中列出了四种检验方法得到的修正后的 t 统计量，且标注了显著性水平。如表 2 所示，本文认为所有变量不存在单位根，并且同阶单整，可以进行协整检验。

表 2　　　　单位根检验结果

变量	LLC 检验	ADF – Fisher 检验
数字经济发展水平	–12.90***	–6.08***
第一产业增长	–14.95***	–4.45***
第二产业增长	–49.57***	–5.50***

续表

变量	LLC 检验	ADF - Fisher 检验
第三产业增长	-46.46***	-4.48***
资本存量的平方	-1.6e+02***	-4.42***
人口流动	-16.61***	-7.96***
产业结构高级化	-9.77***	-5.42***

注：表中数据为调整后的 t 统计量，*** 表示统计量在 1% 的置信水平上显著。

2. 协整检验

为了考察变量间是否存在长期均衡关系，本文运用卡奥（Kao）法和佩德罗尼（Pedroni）法对参与构建模型的 4 个变量组合进项协整检验。如表 3 所示，检验结果表明在 5% 的置信水平上，变量间存在协整关系。因此，可以建立面板回归模型来估计参数，并且回归结果有效。

表 3　　平稳性检验结果

卡奥检验统计量	t 统计量	佩德罗尼检验统计量	t 统计量
DF 统计量	-1.41*	修正的 DF 统计量	14.58***
ADF 统计量	-2.48***	修正的 PP 统计量	14.50***

注：***、* 说明伴随概率分别在 1% 和 10% 的水平上显著。

六、实证结果

表 4、表 5 和表 6 分别是基于上述三个模型的检验结果。对于三个模型的估计，本文依次使用混合 OLS 回归、固定效应回归和随机效应回归三种方法，并通过 LSDV 法、豪斯曼（Hausman）统

计量检验选择合适的模型。考虑到同一个省份不同时期之间的扰动项可能存在自相关，为了避免自相关和异方差的影响，统计量的 t 值均使用聚类稳健标准误的方法估计。

表 4　　模型一对第一产业的计量估计结果

项目	混合效应	固定效应	随机效应
数字经济发展水平	-0.11*** (-3.39)	-0.05** (-2.42)	-0.05** (-2.23)
迁入率*西部地区	-0.21* (-2.02)	0.00 0.00	0.03 (0.73)
迁入率*中部地区	(0.18) (-1.17)	(0.07) (-0.90)	(0.02) (-0.24)
迁入率	0.06 (0.87)	(0.03) (-1.13)	-0.06*** (-2.61)
资本存量平方*西部地区	29.64** (2.62)	(1.31) (-0.19)	1.73 (0.27)
资本存量平方*中部地区	4.93 (0.61)	-12.91*** (-3.05)	-9.57*** (-3.22)
资本存量平方	5.80 (1.31)	-0.23 (-0.08)	-0.04 (-0.02)
失业率	控制	控制	控制
技术发展水平	控制	控制	控制
人口受教育水平	控制	控制	控制
地区人均收入水平	控制	控制	控制
地区劳动力数量	控制	控制	控制

续表

项目	混合效应	固定效应	随机效应
常数项	0.21*** (5.15)	0.21 (1.54)	0.17*** (5.21)
观测值	248	248	248
拟合优度	0.71	0.50	
F 统计量	19.95	23.77	
瓦尔德统计量			228.36
豪斯曼检验统计量		23.09	
		0.03	

注：（1）表中列出了模型不考虑和考虑交互项的情形；（2）*、**、*** 分别表示统计量在 10%、5% 和 1% 的置信水平上显著；（3）为减少异方差的影响，表中所有估计采用聚类稳健估计方法，括号内数值为聚类稳健估计标准差，其显著性用星号在对应系数上标注。

表 5　　　　模型一对第二产业的计量估计结果

项目	混合效应	固定效应	随机效应
数字经济发展水平	-0.28*** (-4.56)	-0.44*** (-7.01)	-0.36*** (-6.11)
迁入率 * 西部地区	0.41** (2.44)	-0.24* (-2.02)	0.22*** (2.70)
迁入率 * 中部地区	0.39** (2.15)	(0.10) (-0.87)	0.25*** (3.27)
迁入率	-0.26** (-2.05)	0.09 (1.15)	-0.16*** (-2.82)
资本存量平方 * 西部地区	(19.07) (-0.86)	(21.15) (-1.01)	(7.50) (-0.38)

续表

项目	混合效应	固定效应	随机效应
资本存量平方 * 中部地区	2.53 (0.27)	0.53 (0.06)	0.42 (0.06)
资本存量平方	-6.41 (-0.95)	-16.42** (-2.10)	-3.51 (-0.51)
失业率	控制	控制	控制
技术发展水平	控制	控制	控制
人口受教育水平	控制	控制	控制
地区人均收入水平	控制	控制	控制
地区劳动力数量	控制	控制	控制
常数项	0.35*** (4.57)	0.00 (-0.01)	0.39*** (6.50)
观测值	248	248	248
拟合优度	0.6	0.75	
F 统计量	22.93	93.67	
瓦尔德统计量			501.31
豪斯曼检验统计量		39.33	
		0.00	

注：(1) *、**、*** 依次代表在 10%、5% 和 1% 的水平上统计量显著；(2) 统计量的聚类稳健估计标准差在括号内标注。

表 6　　模型一对第三产业的计量估计结果

项目	混合效应	固定效应	随机效应
数字经济发展水平	0.39*** (7.18)	0.49*** (8.93)	0.40*** (7.58)
迁入率 * 西部地区	-0.20* (-1.79)	0.24* (2.00)	-0.26*** (-2.95)

续表

项目	混合效应	固定效应	随机效应
迁入率 * 中部地区	-0.21 * (-1.81)	0.18 (1.46)	-0.27 *** (-2.74)
迁入率	0.21 * (1.85)	(0.06) (-0.93)	0.24 *** (4.42)
资本存量平方 * 西部地区	(10.57) (-0.56)	22.47 (0.93)	2.13 (0.10)
资本存量平方 * 中部地区	(7.46) (-0.93)	12.37 (1.69)	5.85 (0.87)
资本存量平方	0.60 (0.12)	16.65 ** (2.51)	3.37 (0.47)
失业率	控制	控制	控制
技术发展水平	控制	控制	控制
人口受教育水平	控制	控制	控制
地区人均收入水平	控制	控制	控制
地区劳动力数量	控制	控制	控制
常数项	0.44 *** (5.50)	0.80 *** (3.70)	0.43 *** (7.66)
观测值	248	248	248
拟合优度	0.78	0.81	
F 统计量	58.16	113.66	
瓦尔德统计量			665.56
豪斯曼检验统计量		49.42	
		0.00	

注：括号内数值为聚类稳健估计标准差，其显著性用星号在对应系数上标注，*、**、*** 依次序表明统计量在 10%、5% 和 1% 的水平上显著。

结果显示，三个模型的解释力度令人满意，拟合优度、F 统计量和瓦尔德（Wald）统计量均显著。通过 LSDV 法的结果看，三个模型大多数省份虚拟变量很显著（p = 0.000），因此拒绝所有个体虚拟变量均为零的原假设，认为存在个体效应，不使用混合回归模型。进一步，通过豪斯曼检验，在 5% 的显著水平下，三个模型均拒绝随机效应模型；并且考虑到所用数据为全国各省数据，为了经济意义的有效性均使用固定效应模型。

（一）数字经济发展水平、人口流入对第一产业增长的影响

首先，为了考察数字经济发展水平和对产业增长的影响，本文绘制散点图如图 7 所示。从图中发现数字经济发展水平总体与地区第一产业增长水平呈负相关关系，即数字经济发展水平越高，第一产业占 GDP 比重越低。

图 7 中的直线是第一产业占比与数字化金融指数的简单回归线，它向右下方倾斜。图中的圆点表示给定地区数字化金融指数所对应的第一产业占比，其分布均匀，多集中在 5% ~20% 。图中浅灰色部分表示 95% 的置信区间，其面积受图中方框表示的极端值影响。图中下端的极端值反映了部分地区（如北京、天津和上海）第一产业增加值所占 GDP 增加值低于全国多数城市水平，且与之对应的数字化金融指数相对平均水平较高。图中上端的极端值则反映了部分地区（如海南、黑龙江）第一产业增加值占 GDP 增加值比重较大，高于全国平均水平。这也说明了省市间的个体差异会对回归产生影响，因此不应该使用混合回归。

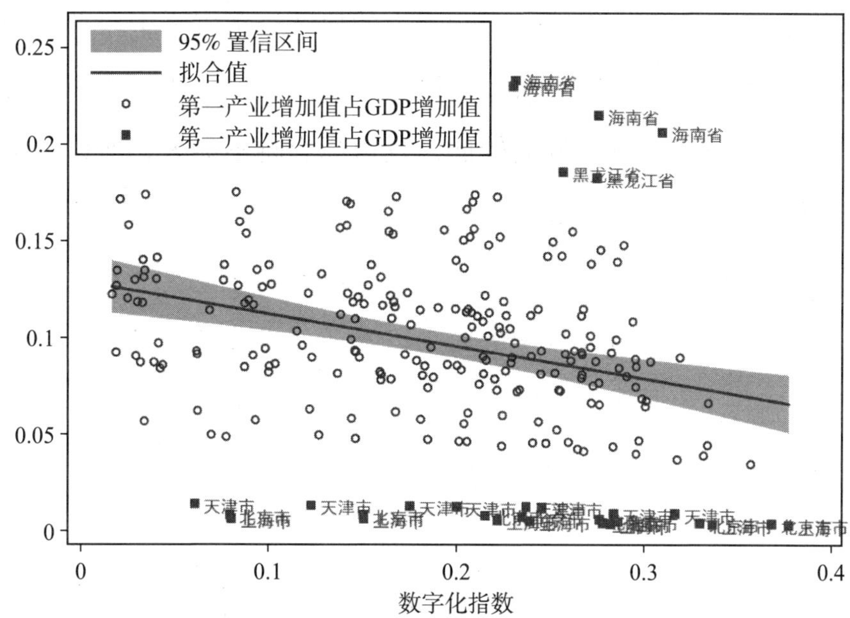

图 7　第一产业增加值占 GDP 增加值与地区数字化金融指数散点图

其次，表 4 的估计结果表明数字化金融指数和地区第一产业增长呈现负相关关系，并且中部地区资本存量越高，第一产业增加占比越低。

根据固定效应模型，第一，数字经济发展水平提高 1 个百分点，该地区第一产业增加值占 GDP 增加值平均下降 0.05 个百分点。说明数字经济发展对第一产业增长没有积极影响，考虑到第一产业实际，数字经济发展水平提高对其促进作用可能不如其他产业，因此第一产业并不必然增长，这一结果是可以接受的。第二，人口流动对迁入地第一产业发展没有显著影响。考察模型迁入率及交互项，发现在固定效应下并不显著，由此可以推测迁入人口往往较少或并不从事第一产业工作。这一结果结合人口流动可以得到进一步解释，一方面，以第一产业为主的地区经济多为中西部，预期收入水平不如东部地区，所以人口迁入意愿较低；另一方面，流动人口从事第一产业收入普遍较低，且边际影响不显著，所以并不能带来第一产业的显著增长。第三，中部地区资本存量每提高 1 个百分点，第一产业占比平均减少 3. 59 个百分点。推测资本存量积累对第一产业影响较少，且中部地区以农业、工业产业为主，因此资本积累对第一产业作用为负。

最后，在这一结果中，区域差异主要体现在资本存量积累对第一产业的影响上，西部和东部地区这一影响不显著，中部地区影响为负。这部分的推测有待后续结果验证。

（二）数字经济发展水平、人口流入对第二产业增长的影响

首先，为了考察数字经济发展水平和人口流动对第二产业增长的影响，本文绘制散点图如图 8 所示。从图中发现数字经济发展水平总体与地区第二产业增长水平呈负相关关系，部分城市第二产业占 GDP 比重比较少，低于 30%，如第三产业占比较高的北京和上海、第一产业占比较高的黑龙江和海南。

其次，表 5 的估计结果表明数字经济发展水平、资本存量和地区第二产业增长呈反向相关关系，且人口流入西部地区并不导致第二产业增长。

根据固定效应模型，第一，数字经济发展水平提高 1 个百分点，该地区第二产业增加值占 GDP 增加值平均下降 0. 44 个百分点。说明数字经济发展对第二产业增长没有积极影响，从数据上看

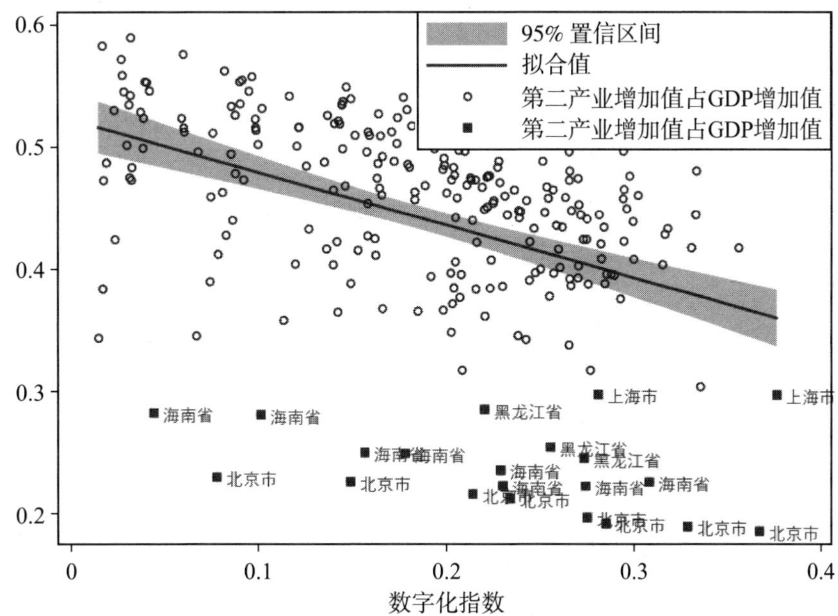

图 8　第二产业增加值占 GDP 增加值与地区数字化金融指数散点图

该消极影响比对第一产业要大。第二，人口流动对西部地区第二产业发展有消极影响，考虑西部地区农业、工业占比较高，流入人口较少选择此类行业。西部地区人口迁入率增加 1 个百分点，第二产业平均增加下降 0.24 个百分点。第三，东部地区资本存量每提高 1 个百分点，第二产业占比平均减少 4.05 个百分点。推测资本存量积累对第二产业影响也较少，且东部地区第二产业占比较低，所以资本存量提高未必能带来第二产业增长。

最后，区域差异主要体现在迁入率和资本存量积累的影响上。对于人口迁入，东部和中部地区第二产业没有明显增长。对于资本存量积累，导致东部地区第二产业增长速度下降。

（三）数字经济发展水平、人口流入对第三产业增长的影响

首先，据图9数字经济发展水平总体与地区第三产业增长水平呈正相关关系，即数字经济发展水平越高，第三产业占GDP比重越高。部分地区（如北京、上海）第三产业增长占比和数字经济发展水平高于全国平均水平。

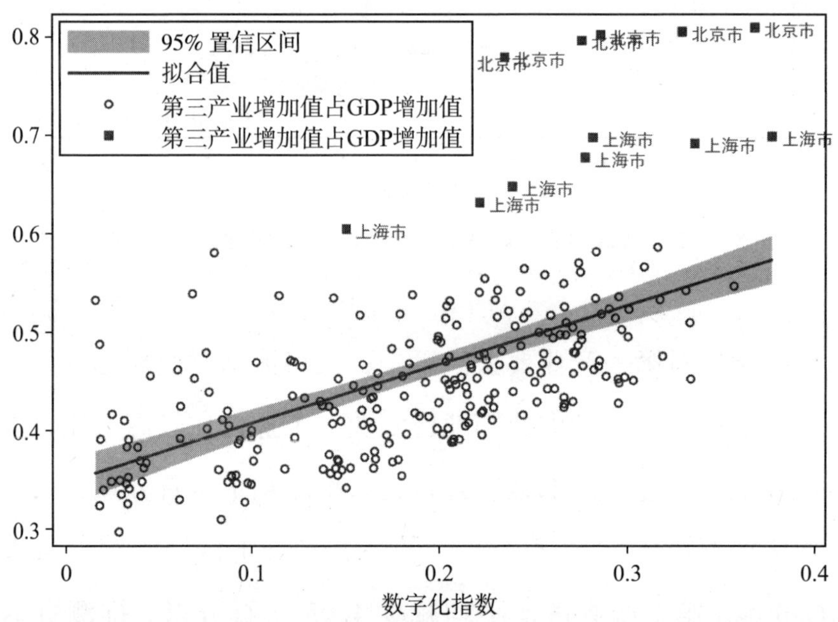

图9　第三产业增加值占GDP增加值与地区数字化金融指数散点图

其次，表6的估计结果表明数字经济发展水平、资本存量、人口迁入率与地区第三产业增长呈同向相关关系。并且，数字经济发展水平、资本存量积累和人口流入主要对第三产业增长的促进作用最为明显，对第一、二产业增长造成一定的挤出效应，验证了上述

分析的推测。

根据固定效应模型，第一，数字经济发展水平每提高 1 个百分点，该地区第三产业增加值占 GDP 增加值平均提高 0. 49 个百分点，等于第一、第二产业增长下降的百分点之和。说明数字经济发展主要促进第三产业增长，一定程度上挤出第一、第二产业增长。第二，人口流动对西部地区第三产业发展有积极影响，考虑第三产业预期收入较高，流入人口较多选择此类行业，对第三产业发展促进作用显著。西部地区人口迁入率增加 1 个百分点，第三产业平均增加 0. 24 个百分点。第三，东部地区资本存量每提高 1 个百分点，第三产业占比平均提高 4. 08 个百分点，符合资本存量增加主要促进第三产业增长的推断。

最后，区域差异主要体现在迁入率和资本存量积累的影响上。对于人口迁入，西部地区第三产业有明显增长。对于资本存量积累，东部地区第三产业增长速度增加。

（四）数字经济发展水平、人口流入对产业高级化的影响

首先，数字经济发展水平总体与地区产业高级化水平呈正相关关系。部分地区（如北京、海南）第三产业增长占比和数字经济发展水平高于全国平均水平，如图 10 所示。

其次，根据表 7 固定效应模型估计结果，数字经济发展水平每提高 1 个百分点，该地区产业高级化水平平均提高 0. 22 个百分点，与数字经济发展主要促进第三产业增长的结论不矛盾。另外，东部地区人口迁入率增加 1 个百分点，产业高级化水平平均

下降0.13个百分点，西部地区人口迁入率增加1个百分点，高级化水平平均上升0.04个百分点。由此，人口流入对西部地区产业高级化影响更大。

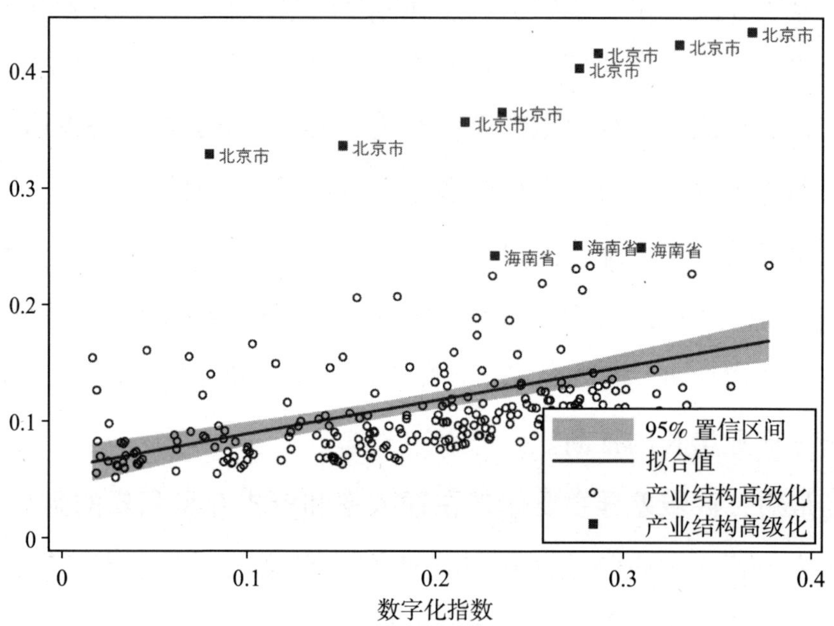

图10　产业高级化与地区数字化金融指数散点图

表7　模型二的计量估计结果

项目	混合效应	固定效应	随机效应
数字经济发展水平	0.10*** (2.92)	0.22*** (5.30)	0.16*** (4.30)
迁入率＊西部地区	-0.20* (-2.02)	0.17** (2.49)	-0.11** (-2.19)
迁入率＊中部地区	-0.19* (-1.92)	0.11 (1.24)	-0.12** (-2.08)

续表

项目	混合效应	固定效应	随机效应
迁入率	0.13 (1.55)	-0.13** (-2.28)	0.02 (0.45)
资本存量平方*西部地区	6.81 (0.50)	5.59 (0.43)	(0.62) (-0.05)
资本存量平方*中部地区	(1.56) (-0.28)	(2.38) (-0.32)	(2.52) (-0.55)
资本存量平方	2.75 (0.66)	5.78 (0.97)	(1.96) (-0.47)
失业率	控制	控制	控制
技术发展水平	控制	控制	控制
人口受教育水平	控制	控制	控制
地区人均收入水平	控制	控制	控制
地区劳动力数量	控制	控制	控制
常数项	0.17*** (3.58)	0.29 (1.14)	0.08** (2.20)
观测值	248	248	248
拟合优度	0.74	0.69	
F统计量	8.88	62.83	
瓦尔德统计量			299.48
豪斯曼检验统计量		45.67	
		0.00	

注：括号内数值为聚类稳健估计标准差，其显著性用星号在对应系数上标注，*、**、***依次序表明统计量在10%、5%和1%的水平上显著。

七、主要结论和建议

总体上，数字经济发展水平主要促进第三产业增长，并对产业高级化有积极影响，对第一、二产业发展有一定挤出效应，尤其是第二产业；人口流入对西部地区第三产业的发展作用最突出；资本存量提高主要促进第三产业发展，中部和东部地区尤为显著。

（一）加强数字普惠金融与第一、二产业的联系

由于数字普惠金融的特点，其主要强调降低用户交易成本，增加服务便利性。同时，通过广泛和深度的网点覆盖带来用户保险、贷款、基金和投资的便利，所以主要促进第三产业发展。结合本文的研究，数字经济对第一、二产业的增长有一定挤出效应。政府部门应当与投资贷款金融机构加强合作，利用数字化优势降低第一、二产业中小企业融资成本，并健全系统性风险防范、保障机制。

（二）中西部地区因地制宜，制定合理的产业、人才政策

中西部地区主要以第一、二产业为主，为了增加产业竞争力，应当结合地方优势，制定可持续、有特色的产业政策。如图 11 所示，以产业高级化为衡量标准，绘制箱线图，部分中西部地区如海南、贵州省，利用区位和自然优势，创新发展旅游业、服务业，使得地区产业结构得到优化，经济增长有了新的动力。因此，应当加强地区优势产业定位，促进经济持续、稳定、健康发展。

与此同时，结合本文研究，对于西部地区，人口流入有利于地区第三产业发展，对此，中西部地区应当维持或增大对留存人力资本投资比例，并主动吸引高知识、技能劳动力流入，以提高地区人力资本水平；并利用知识和技术的外溢效应实现技术进步和跨越式

发展。同时，制定协调全面的产业政策，支持中西部地区薄弱的产业，促进区域协调发展，以实现整体和谐、稳定。

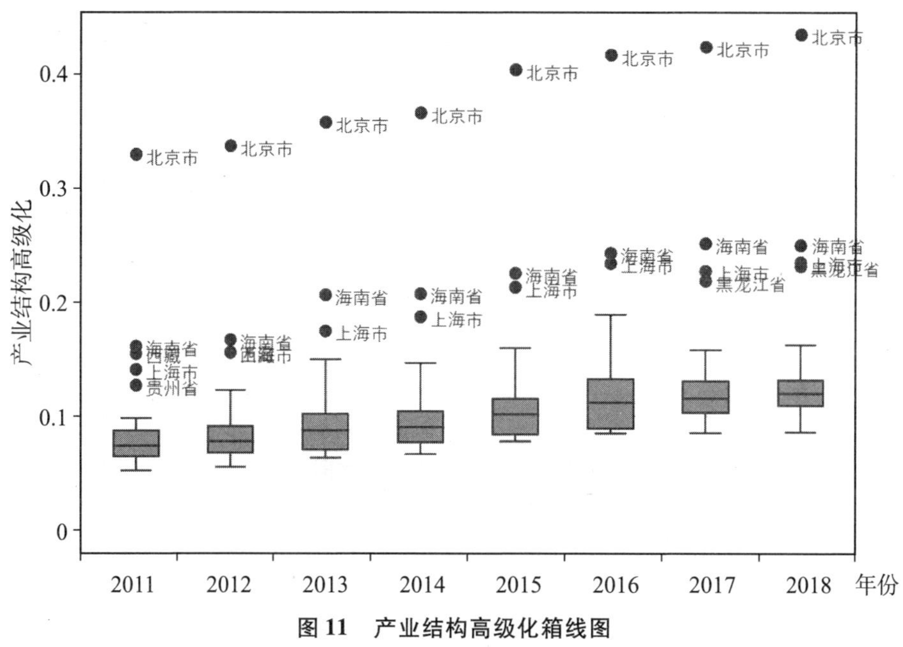

图 11　产业结构高级化箱线图

（三）利用普惠数字金融降低融资成本

随着普惠金融数字化程度的提高，个人金融、理财服务得到了极大发展，但与此同时，2011 年以来中国中小企业社会融资规模和外币贷款规模总体趋势保持不变，如图 12、图 13 所示。可以发现，对于中小企业社会融资和利用外资方面，存在较大的市场空间和需求。当下数字普惠金融的不断深化，结合社会融资、外币贷款做出适当创新，降低中小企业融资成本是值得探索和实践的。

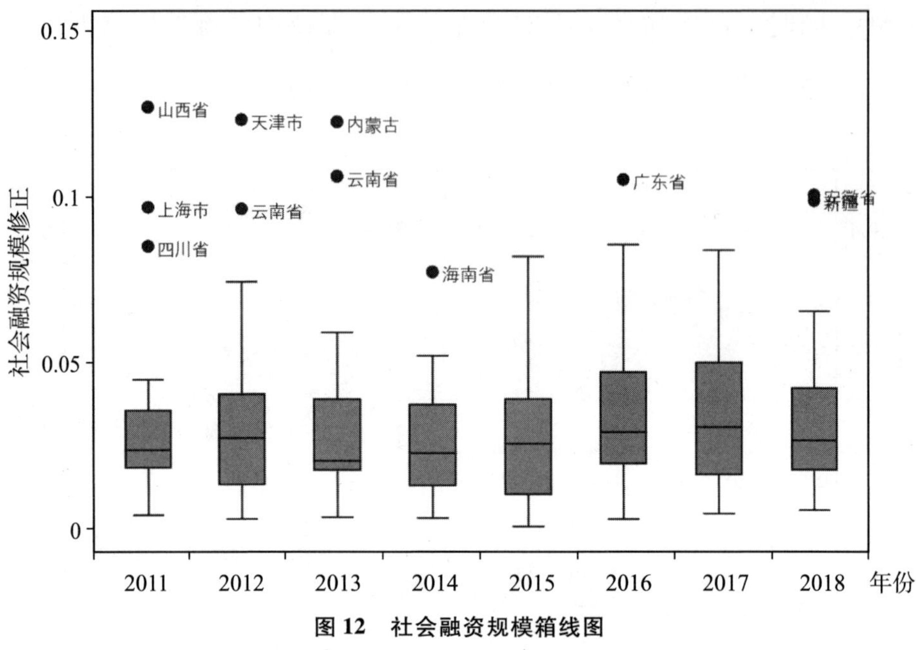

图 12　社会融资规模箱线图

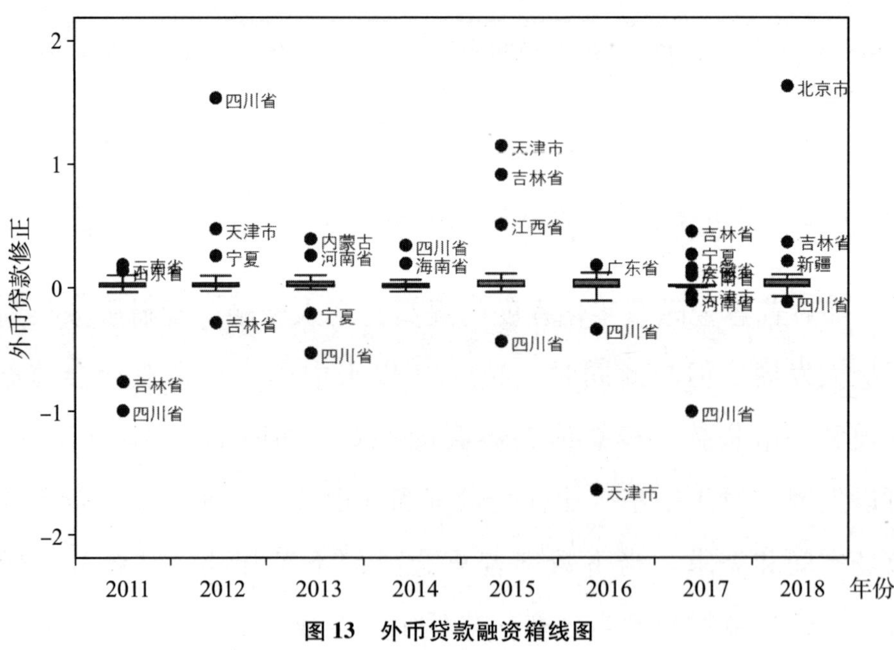

图 13　外币贷款融资箱线图

参考文献

［1］丁天明：《人口流动对商贸流通产业的影响——基于时空演化机制的分析》，载《技术经济与管理研究》2019 年第 8 期。

［2］干春晖、郑若谷、余典范：《中国产业结构变迁对经济增长和波动的影响》，载《经济研究》2011 年第 5 期。

［3］金洪：《金融影响高新技术产业发展实证研究——以长三角区域为例》，载《技术经济与管理研究》2019 年第 12 期。

［4］梁向东、魏逸玭：《产业结构升级对中国人口流动的影响——基于 255 个城市的面板数据分析》，载《财经理论与实践》2017 年第 5 期。

［5］龙云安、张健、冯果：《区域发展视角下金融深化、金融集聚与产业结构升级研究——以成渝城市群为例》，载《金融理论与实践》2019 年第 11 期。

［6］谭林、崔静：《农村劳动力流动与三次产业结构调整的内生性研究》，载《中国农业资源与区划》2017 年第 3 期。

［7］唐文进、李爽、陶云清：《数字普惠金融发展与产业结构升级——来自 283 个城市的经验证据》，载《广东财经大学学报》2019 年第 6 期。

［8］王勤、李灿江：《基于 A－U 模型的金融支持传统产业创新驱动发展研究》，载《上海金融》2019 年第 11 期。

［9］王炜、郑悦：《产业结构演进对东北三省人口流动的影响及对策分析》，载《学术交流》2019 年第 6 期。

［10］谢绚丽、沈艳、张皓星、郭峰：《数字金融能促进创业吗？——来自中国的证据》，载《经济学（季刊）》2018 年第 4 期。

［11］赵勇、魏后凯：《政府干预、城市群空间功能分工与地区差距———兼论中国区域政策的有效性》，载《管理世界》2015 年第 8 期。

[12] 周超：《普惠金融及银行业结构对不同地区产业发展影响的实证分析》，载《数学的实践与认识》2019 年第 20 期。

[13] Bruhn M. and Love I., 2014: The real impact of improved access to finance: evidence from Mexico, Journal of finance, Vol. 69, No. 3.

[14] Burhop C., 2006: Did banks cause the German industrialization, Exploration in Economic History, Vol. 43, No. 1.

[15] Collin M., 1992: The bank of England as lender of last resort, 1857 – 1878, The Economic History Review, Vol. 45, No. 1.

[16] Da R. and Hellmann M. T., 2002: Banks as catalysts for industrialization, Journal of Financial Intermediation, Vol. 11, No. 4.

[17] Goldsmith R. M., 1969: Financial structure and development, New Haven: Yale University Press.

[18] Kapoor, A., 2013: Financial Inclusion and the Future of the Indian Economy, Futures, Vol. 23, No. 10.

[19] Kin G., Robert G. and Levine R., 1993: Finance and growth: Schumpeter might be right, Quarterly Journal of Economics, Vol. 108, No. 5.

[20] Lewis W. A., 1954: Economic development with unlimited supplies of labour, The Manchester school, Vol. 22, No. 2.

[21] Mayer C. and Alexander I., 1990: Banks and securities markets: corporate financing in Germany and the United Kingdom, Journal of the Japanese and International Economies, Vol. 4, No. 4.

[22] Mckinnon R. I., 1973: Money and capital in economic development, New York: Brookings Institution Press.

[23] Pradhan R. P., Arvin M. B. and Norman N. R., 2015: The dynamics of information and communications technologies infrastructure, economic growth, and financial development: evidence from Asian countries, Technology in Society, Vol. 210, No. 42.

[24] Sasidharan S., Lukose P. J. and Komera S., 2014: Financing constraints and investments in R&D: evidence from Indian manufacturing firms, The Quarterly Review of Economics and Finance, Vol. 121, No. 6.

[25] Schumpeter J. A., 1934: The theory of economic development: an inquiry into profits, capital, credit, interest, and the business cycle, Transaction Publishers Press.

[26] Shaw E., 1969: Financial deeping in economic development, Oxford: Oxford University Press.

[27] Tadeese S., 2007: Financial development and technology, Michigan: University of Michigan.

[28] Todaro M. P., 1969: A model of labor migration and urban unemployment in less developed countries, The American economic review, Vol. 59, No. 1.

Digital Inclusive Finance, Population Mobility and Industrial Development

—An Empirical Study Based on China's Inter-provincial Panel Data

Wu Jing

Abstract: This article focuses on the impact of digital inclusive finance, population mobility, and physical capital on the development of the three major industries in different regions in the context of the digital economy. Based on the theory of exogenous economic growth, this article divides industrial development into industrial growth and advanced industrial structure, and studies the specific impact mechanism mentioned above. The results show that, in general, the development of digital inclusive finance mainly promotes the growth of the tertiary industry, which is conducive to the advanced industrial structure of the region, and has a squeeze effect on the growth of the primary and secondary industries; The promotion of industrial growth is most prominent; the increase in capital stock is conducive to the growth of the tertiary industry in central and eastern regions. Based on this, the relationship between digital inclusive finance and the primary and secondary industries should be strengthened, and sustainable industrial and talent policies should be formulated according to local conditions.

Key words: Digital Inclusive; Finance Population; Mobility Industrial Development

《国家治理研究》投稿体例

一、基本情况

《国家治理研究》是中国人民大学中国方案研究院主办的智库类学术研究载体，定位于对国家治理的诸多问题进行深度研究与分析。征稿涉及全球治理、政治治理、经济治理、社会治理、文化治理、环境治理、科技治理、军事治理、思想治理等领域，也欢迎在上述领域之外的关系国家治理的重要问题研究成果。

《国家治理研究》始终坚持正确的政治方向；坚持理论联系实际，注重理论创新、思想开拓，关注国家治理重大问题；努力为中国的国家治理、改革事业和民族振兴作贡献。

实行匿名评审制度，以论文质量为唯一采用标准。欢迎国内外学界同仁惠寄大作。

二、来稿须知

1. 接受 Word 格式的电子稿件，投稿邮箱：gjzlyjruc@ 163. com。

2. 论文篇幅一般以 1. 5 万字以上为宜。

3. 来稿首页请附作者姓名、所属机构、职称职务、通信地址、电话、电子邮箱，以便联络。

4. 凡投《国家治理研究》的稿件，即视为授权对来稿进行修改，不同意修改者请在投稿时注明。所投稿件发出四个月内，未收到用稿通知者，可另投他刊。

三、行文规范

来稿须符合《国家治理研究》以下撰写要求与体例：

1. 中英文论文题目、作者姓名、作者单位、内容提要、关键词。中文内容提要 300 字左右，关键词 3 到 5 个。

2. 标题层次：一级标题用“一、二……”，二级标题用“（一）、（二）……”，三级标题用“1. 2. ……”，四级标题“（1）、（2）……”。相关制度中的“章、条…”等保持原样。

3. 字体：中文正文标题为“三号黑体”，中文副标题“小四宋体”；一级标题为“四号仿宋加粗”；二级标题为“小四仿宋”。其他及正文为“五号宋体”。内容提要与关键词“五号楷体”，内容提要、关键词这两个词加粗。

英文论文题目、作者姓名、作者单位、内容提要、关键词皆使用“Times New Norman”字体，英文标题“四号字体加粗”，英文副标题“小四号字体”，作用姓名“五号字体”，作者单位、内容提要、关键词“小五号字体”，其中 Abstract、Keywords 加粗。

4. 图表格式：图与表按顺序附在正文内，分别标注图 1、图 2……；表 1、表 2……；图表序号与标题之间空两格；图标题与表标题均为“小五号宋体加粗”，居中。表内字体“小五号宋体”，图表注释“六号宋体”，图中字体要大小适中。

5. 专业术语：人名地名专业术语，参照商务印书馆《英语姓名译名手册》等相关工具书，其他法律或政治术语请参照相关国家标准。专业词汇要保持统一。

6. 注释与参考文献：皆采用脚注。脚注序号统一用①②③，采取每页重新编号方式；脚注中文字体为“小五号宋体”，英文字体为“Time New Norman”。参考文献格式，请参照国家发展与战略研究院网上征稿启事中的具体要求（网址：http：//nads. ruc. edu. cn/）。

《国家治理研究》编辑部